中/青/文/库　　　本书得到中国青年政治学院出版基金资助

非正式制度与
村庄公共物品供给

——T村个案研究

温莹莹◎著

中国社会科学出版社

图书在版编目（CIP）数据

非正式制度与村庄公共物品供给：T村个案研究/温莹莹著. —北京：中国社会科学出版社，2015.6
ISBN 978 – 7 – 5161 – 6034 – 3

Ⅰ.①非…　Ⅱ.①温…　Ⅲ.①农村—公共物品—研究—中国　Ⅳ.①F323.8

中国版本图书馆 CIP 数据核字（2015）第 085583 号

出 版 人	赵剑英
责任编辑	李炳青
责任校对	董晓月
责任印制	李寡寡

出　　版	中国社会科学出版社
社　　址	北京鼓楼西大街甲 158 号
邮　　编	100720
网　　址	http://www.csspw.cn
发 行 部	010 – 84083685
门 市 部	010 – 84029450
经　　销	新华书店及其他书店

印刷装订	北京金瀑印刷有限责任公司
版　　次	2015 年 6 月第 1 版
印　　次	2015 年 6 月第 1 次印刷

开　　本	710 × 1000　1/16
印　　张	11.75
插　　页	2
字　　数	180 千字
定　　价	45.00 元

《中青文库》编辑说明

中国青年政治学院是在中央团校基础上于1985年12月成立的，是共青团中央直属的唯一一所普通高等学校，由教育部和共青团中央共建。中国青年政治学院成立以来，坚持"质量立校、特色兴校"的办学思想，艰苦奋斗、开拓创新，教育质量和办学水平不断提高。学校是教育部批准的国家大学生文化素质教育基地，中华全国青年联合会和国际劳工组织命名的大学生KAB创业教育基地。学校与中央编译局共建青年政治人才培养研究基地，与北京市共建社会工作人才发展研究院和青少年生命教育基地。

目前，学校已建立起包括本科教育、研究生教育、留学生教育、继续教育和团干部培训等在内的多形式、多层次的教育格局。设有中国马克思主义学院、青少年工作系、社会工作学院、法律系、经济系、新闻与传播系、公共管理系、中国语言文学系、外国语言文学系等9个教学院系，文化基础部、外语教学研究中心、计算机教学与应用中心、体育教学中心等4个教学中心（部），轮训部、继续教育学院、国际教育交流学院等3个教学培训机构。

学校现有专业以人文社会科学为主，涵盖哲学、经济学、法学、文学、管理学5个学科门类。学校设有思想政治教育、法学、社会工作、劳动与社会保障、社会学、经济学、财务管理、国际经济与贸易、新闻学、广播电视学、政治学与行政学、汉语言文学和英语等13个学士学位专业，其中社会工作、思想政治教育、法学、政治学与行政学为教育部特色专业。目前，学校拥有哲学、马克思主义理论、法学、社会学、新闻传播学和应用经济学等6个一级学科硕士授权点和1个专业硕士学位点，同时设有青少年研究院、中国马克思主义研究中心、中国志愿服务信息资料研究中心、大学生发展研究中心、大学生素质拓展研究中心等科研机构。

在学校的跨越式发展中，科研工作一直作为体现学校质量和特色的重要内容而被予以高度重视。2002年，学校制定了教师学术著作出版基金资助条例，旨在鼓励教师的个性化研究与著述，更期之以兼具人文精神与思想智慧的精品的涌现。出版基金创设之初，有学术丛书和学术译丛两个系列，意在开掘本校资源与移译域外菁华。随着年轻教师的剧增和学校科研支持力度的加大，2007年又增设了博士论文文库系列，用以鼓励新人，成就学术。三个系列共同构成了对教师学术研究成果的多层次支持体系。

十几年来，学校共资助教师出版学术著作百余部，内容涉及哲学、政治学、法学、社会学、经济学、文学艺术、历史学、管理学、新闻与传播等学科。学校资助出版的初具规模，激励了教师的科研热情，活跃了校内的学术气氛，也获得了很好的社会影响。在特色化办学愈益成为当下各高校发展之路的共识中，2010年，校学术委员会将遴选出的一批学术著作，辑为《中青文库》，予以资助出版。《中青文库》第一批（15本）、第二批（6本）、第三批（6本）出版后，有效展示了学校的科研水平和实力，在学术界和社会上产生了很好的反响。本辑作为第四批共推出12本著作，并希冀通过这项工作的陆续展开而更加突出学校特色，形成自身的学术风格与学术品牌。

在《中青文库》的编辑、审校过程中，中国社会科学出版社的编辑人员认真负责，用力颇勤，在此一并予以感谢！

目　　录

第一章　公共物品供给与集体行动困境 ……………………（1）

1.1　问题的提出 ………………………………………（2）

1.2　中国农村公共物品供给的相关研究 ………………（4）

1.3　个案的选定与研究方法 ……………………………（14）

1.4　本章小结 ……………………………………………（17）

第二章　非正式制度与个体行动 ………………………（18）

2.1　理论来源：制度学派 ………………………………（18）

2.1.1　旧制度学派 …………………………………（19）

2.1.2　新制度学派 …………………………………（21）

2.2　制度分析：制度影响个体行动 ……………………（27）

2.3　本书的分析视角：非正式制度 ……………………（29）

2.4　本章小结 ……………………………………………（32）

第三章　单姓宗族村庄 …………………………………（34）

3.1　村庄基本概况 ………………………………………（34）

3.2　单姓宗族村庄 ………………………………………（35）

3.3　村庄宗族的组织形式和权力结构 …………………（40）

3.4　本章小结 ……………………………………………（43）

第四章　T村的公共生活及其非正式制度 ……………（46）

4.1　村庄公共生活：传统习俗与活动 …………………（46）

4.1.1　农历四月初十 ………………………………（46）

4.1.2　农历八月十五 ………………………………（51）

  4.1.3 冬至 ·· (54)
  4.1.4 元宵佳节 ····································· (54)
 4.2 公共生活中的非正式制度 ······················· (55)
  4.2.1 习俗与"头家轮流制" ······················ (57)
  4.2.2 惯例与俗语 ································· (61)
 4.3 本章小结 ······································· (63)

第五章 T村的公共物品供给 ··························· (64)
 5.1 公共物品供给问题及可能的解决方案 ··········· (65)
 5.2 T村公共物品分类 ······························ (69)
 5.3 T村非生产性/宗族性公共物品供给 ············· (70)
  5.3.1 宗祠 ······································· (70)
  5.3.2 太祖墓 ····································· (72)
  5.3.3 宗庙：田公元帅官殿与圣母官殿 ·········· (73)
  5.3.4 寺庙：佛官与教忠寺 ····················· (75)
 5.4 T村生产性公共物品供给 ······················· (77)
  5.4.1 农田水利灌溉 ····························· (77)
  5.4.2 生活饮用水 ······························· (78)
  5.4.3 学校 ······································· (78)
  5.4.4 道路 ······································· (79)
 5.5 非正式组织与村庄公共物品供给 ··············· (82)
 5.6 本章小结 ······································· (85)

第六章 T村的非正式制度与公共物品供给（上）
    ——"头家轮流制"与村庄非生产性公共物品供给 ····· (87)
 6.1 T村的非正式制度与非生产性公共物品供给 ······· (90)
 6.2 "头家轮流制" ································· (90)
 6.3 作用机制 ······································· (104)
  6.3.1 多中心制 ··································· (105)
  6.3.2 作用过程 ··································· (107)
 6.4 本章小结 ······································· (109)

第七章 T村的非正式制度与公共物品供给(下)
——"八月十五修路"习俗与村庄生产性公共物品供给 ⋯⋯⋯ (112)
7.1 T村的非正式制度与生产性公共物品供给 ⋯⋯⋯⋯ (113)
7.2 "八月十五修路" ⋯⋯⋯⋯⋯⋯⋯⋯⋯⋯⋯⋯⋯⋯⋯ (115)
7.3 作用机制 ⋯⋯⋯⋯⋯⋯⋯⋯⋯⋯⋯⋯⋯⋯⋯⋯⋯ (117)
　　7.3.1 社会习惯记忆 ⋯⋯⋯⋯⋯⋯⋯⋯⋯⋯⋯⋯⋯ (117)
　　7.3.2 作用过程 ⋯⋯⋯⋯⋯⋯⋯⋯⋯⋯⋯⋯⋯⋯⋯ (120)
7.4 社会习惯记忆作用的延伸 ⋯⋯⋯⋯⋯⋯⋯⋯⋯⋯ (123)
7.5 本章小结 ⋯⋯⋯⋯⋯⋯⋯⋯⋯⋯⋯⋯⋯⋯⋯⋯⋯ (124)

第八章 整合式的非正式制度 ⋯⋯⋯⋯⋯⋯⋯⋯⋯⋯⋯ (126)
8.1 研究发现 ⋯⋯⋯⋯⋯⋯⋯⋯⋯⋯⋯⋯⋯⋯⋯⋯⋯ (126)
　　8.1.1 缺乏正式的宗族组织并不妨碍村庄对宗族公共
　　　　　事务的有效治理 ⋯⋯⋯⋯⋯⋯⋯⋯⋯⋯⋯⋯ (127)
　　8.1.2 分析农村公共物品供给问题的新视角:非正式
　　　　　制度 ⋯⋯⋯⋯⋯⋯⋯⋯⋯⋯⋯⋯⋯⋯⋯⋯⋯ (128)
　　8.1.3 非正式制度通过"多中心制"和"社会习惯记忆"的
　　　　　机制发生作用 ⋯⋯⋯⋯⋯⋯⋯⋯⋯⋯⋯⋯⋯ (130)
8.2 "多中心制"与"社会习惯记忆" ⋯⋯⋯⋯⋯⋯⋯⋯ (132)
　　8.2.1 共时性和理性的"多中心制" ⋯⋯⋯⋯⋯⋯⋯ (133)
　　8.2.2 历史性和非理性的"社会习惯记忆" ⋯⋯⋯⋯ (134)
　　8.2.3 多中心制的延续依赖于社会习惯记忆 ⋯⋯⋯ (135)
8.3 整合式的非正式制度 ⋯⋯⋯⋯⋯⋯⋯⋯⋯⋯⋯⋯ (138)
　　8.3.1 不可替代的非正式制度 ⋯⋯⋯⋯⋯⋯⋯⋯⋯ (138)
　　8.3.2 非正式制度的来源与作用 ⋯⋯⋯⋯⋯⋯⋯⋯ (139)
　　8.3.3 从社会退出的制度分析 ⋯⋯⋯⋯⋯⋯⋯⋯⋯ (143)
　　8.3.4 整合式的非正式制度 ⋯⋯⋯⋯⋯⋯⋯⋯⋯⋯ (145)
8.4 研究不足与展望 ⋯⋯⋯⋯⋯⋯⋯⋯⋯⋯⋯⋯⋯⋯ (148)
　　8.4.1 研究不足 ⋯⋯⋯⋯⋯⋯⋯⋯⋯⋯⋯⋯⋯⋯⋯ (148)
　　8.4.2 研究展望 ⋯⋯⋯⋯⋯⋯⋯⋯⋯⋯⋯⋯⋯⋯⋯ (149)

附录1 T村地图 ·· （152）

附录2 半结构式访谈提纲 ·································· （154）

附录3 访谈对象 ·· （156）

附录4 调查问卷 ·· （157）

参考文献 ·· （163）

致谢 ··· （178）

第一章　公共物品供给与集体行动困境

所谓农村公共物品，是相对于由农民或其家庭自己消费的"私人物品"而言的，是由当地农村社区居民参与共享的"产品"，换句话说，即是农村中私人不愿意提供的，具有非排他性、非竞争性的产品（熊巍，2002）。长期以来，在城乡二元体制下，农村社区的公共物品供给严重不足。尤其是从 2006 年 1 月 1 日开始，在全国范围内全面取消农业税之后，虽然农民的负担得到切实减轻，但随之而来的是乡镇政府与村民自治组织的税费减少，原先主要依靠农业税为资金支持的农村公共物品供给遇到了前所未有的挑战。"农村税费体制改革在精简机构、减轻农民负担的同时，又加重和恶化了农村公共物品供给问题。"（李建军，2010）与此同时，党的十六届五中全会提出，按照"生产发展、生活富裕、乡村文明、村容整洁、民主管理"的要求建设社会主义新农村。其中，为农民提供最基本的公共物品和公共服务成为新农村建设的重中之重。农村公共物品供给体系的良性运行关系到农民的切身利益和新农村建设的顺利进行（李建军，2010）。近年来，不少学者对农村公共物品供给的相关问题进行了广泛的讨论。但是，现有研究有许多不足：首先，大部分的研究主要集中于农村公共物品供给的现状、存在的问题、对策和供给制度的变迁等理论上的分析探讨，而较少有学者进行深入的实证研究。其次，已有的理论分析框架侧重于宏大的正式制度因素、经济因素和社会因素，对普遍性的农村公共物品供给问题进行研究，较少有学者做深入的实证个案研究，探讨村民个体的行动逻辑对村庄公共物品供给的影响，并分析其特定的村庄环境（非正式制度）可能通过影响村民个体的行动逻辑和参与程度，最终影响村庄的公共物品供给。

1.1　问题的提出

本书通过对一个个案村庄的实证研究与分析，试图了解在村庄公共物品供给过程中，个体村民是如何被组织与动员起来，积极参与到公共物品的供给活动中（捐资或者投入义务工）？是哪些因素促使村民在集体行动中克服了"搭便车"和"机会主义"现象，促成村庄公共物品的成功供给？最终试图揭示是怎样特定的村庄环境（侧重于非正式制度）形塑着村民的行动逻辑、影响着他们在村庄公共物品供给中的参与程度，最终影响着村庄公共物品的供给情况？

在本书中，我们将个案村庄的公共物品供给简单划分为生产性公共物品和非生产性公共物品。生产性公共物品是指村民在日常生活和生产中不可或缺的基本需求，生产性公共物品不仅便利了村民的生活，更重要的是可以增加农民在生产上的效益，有利于提高村民的生活水平。主要包括：农田水利、生活饮用水、学校、道路、路灯等。非生产性公共物品主要是生活性的公共物品，非生产性公共物品的提供可以便利村民的生活，但不是村民生活所不可或缺的，它的提供与否一般不会对村民的生产活动产生影响。主要是指村庄中与宗族、宗教活动相关的公共物品和项目，主要包括：村庄中修建的宗祠、宗庙、寺庙以及村庄每年例行的宗族活动中所涉及的公共集资与相关事务等。我们将具体考察个案村庄各项生产性与非生产性公共物品的供给情况。

本书重点从非正式制度的视角考察村庄公共物品供给的影响因素，旨在揭示村庄中的非正式制度如何影响了村民在公共物品供给中的行动逻辑和参与程度，进而影响到村庄公共物品的供给情况。对于农村公共物品供给影响因素的研究，大部分学者关注的是宏观的经济或正式制度设计因素的影响，较少关注特定的村庄环境因素。迟福林用农业支出占国家财政支出的比重和农业投入比重下降来说明国家的财政投入对于农村公共物品供给的影响（迟福林，2003）；张军和何寒熙则认为实行家庭承包责任制后，原有公共财政制度的崩溃，地方财政收入的萎缩，农户投入激励不足造成了地方公共物品供给水平下降的困境（张军、何寒熙，1996）。林万龙认为长期以来，农村公共物品供给的制度外筹资机制遏制了农村公共物品的有效供给（林万龙，2002）；刘鸿渊则指出现阶段"一事一议"的农村公共物品供给机制存在不合理与操作上的困难同样制约着农村公共物品的供给（刘鸿渊，2004）。实际上，农村公共物品的供给不仅与政府的财力、当地的经济发展以及供给制度相关，而且与特定的村庄环境以及村庄农民在公共物品供给中的参与程度有着密切的联系。传统的中国农村社区属于熟人社会，比较容易建立互信和合作，而且传统乡村社会中乡绅在社区公共物品的供给中起着非常重要的作用（周荣德，2000）。在集体化时期，虽然传统社区中的社会资本在很大程度上遭到破坏，但国家通过对生产资料的集体所有制而建立的垂直控制，可以在很大程度上保证公共物品的提供。但是，在农村实行生产责任制以后，随着国家权力回撤，一些地方基层组织涣散，致使许多地方的公共物品不能有效供给（曹锦清，2000）。例如，有的学者观察到，一些村庄的村民虽然已经脱贫多年，却没能够组织起来修复"大跃进"时期挖的水塘和兴修道路（潘维，2003：157）。所以，农村公共物品的供给不仅仅是一个经济和制度的问题，更主要的还是村庄整合以及村民主体的参与程度问题。但目前在制度安排上，与城市社区的情况不同，农村社区的公共物品主要靠农民自己供给，这就使得村民积极主动地参与村庄公共物品的供给显得十分重要。近年来，除了国外的一些研究关注到社区公共物品的供给与社会因素的关联外（如 Habyarimana and Humphreys，2006；Anderson, Mellor and Milyo，2006），国内也有越来越多的学者开始运用集体行动和利益博弈的框架，分析农民的参与情况对于村庄公共物品供给的影响（陈潭、刘祖华，2009；贺雪峰，2006；刘能，2007；李海舰，2010；陈潭、刘建义，2010）。

道格拉斯·诺斯认为，在社会互动中，人们会设计一系列的社会博弈规则——即制度——去制约人们的相互行为。这些约束条件可以是有意识设计的正式规则/制度（包括政治/司法规则、经济规则和合约），也可以是非正式规则/制度，包括禁忌、社会规范及传统习俗等（诺斯，1994：64）。按照诺斯的观点，我们发现，事实上在中国乡村地区存在大量的非正式制度，如各种民间信仰、宗族及宗教仪式、道德观念、民间风俗、社会习惯甚至社会舆论等。它们是在特定的乡村历史文化背景下产生，与国家正式法律法规等共同制约着村民行为，对村庄社会的意识形态和日常生活实践起到重要的影响作用（王冬梅、李小云，2010）。在本项研究中，我们将仔细考察个案村庄的历史与社会结构，以及由于这些特定的历史和社会因素所催生的各项非正式制度。进一步着重探讨这些在村庄中自发生长的非正式制度如何影响村民的行动逻辑，并通过影响村民在公共物品供给中的参与程度，最终影响村庄中各项公共物品的供给情况。

由此，我们将按照以下的文章结构安排，对以上所要研究的问题逐步展开讨论：第一章是导言部分，将介绍本书所研究的问题、研究方法以及对已有相关研究的综述；第二章是理论框架，介绍本书的理论来源，在梳理了相关理论派别的发展后，提出本书所运用的具体分析视角——非正式制度；第三章开始进入研究问题的探讨，从第三章到第七章，将呈现个案村庄的具体情况，基于实证研究，从提出问题到验证问题。具体是，第三章呈现个案村庄的基本概况；第四章介绍村庄的公共生活以及其中所蕴含的各项非正式制度；第五章由村庄的公共生活引出了村庄的公共物品供给情况；然后，我们用第六章和第七章两章的篇幅，验证村庄中的非正式制度对村庄公共物品供给的影响作用。第八章是总结，总结了本书的几个发现，并对研究中所涉及的相关问题展开讨论，最后，也简要总结了本书可能存在的不足，并提出今后的研究展望。

1.2　中国农村公共物品供给的相关研究

不论是城市居民还是农村的农民，都在一定程度上依赖于政府。因为他们理所当然地认为，为了便利人们的公共生活、满足人们各项生产和生活的需要，政府应该为他们提供公共物品和服务。换句话说，人们相信，提供公共物品和服务是政府的一项主要职责（张晓波，2003）。所以，世界各地的老百姓都在争取，希望他们当地的官员能提供学校以使孩子获得教育、提供公路以使他们的商品能通向市场、提供安全的水以供饮用（蔡晓莉，2006）。中国的老百姓对政府有着同样的期待，但结果却呈现出明显的城乡差异。

新中国成立以来，我们在很长一段时间实行了以农业补给工业、农村支持城市的策略。国家有意识地将财政资金投入向城市和工业倾斜，由此形成中国特有的城乡二元经济结构。受此二元经济结构的影响，我国的农村和城市不得不实行两套不同的公共物品供给体制：城市所需要的公共基础设施都由政府来提供，其公共项目投资由国家财政支付；而农村所需的公共基础设施主要由县、乡镇政府来提供或者由农民自己解决，上级政府只给予适当的补助。正如 Tsai 指出的，在中国，大部分人口居住在农村，他们主要依靠所在村提供最基本的基础设施，如灌溉、饮用水和道路交通等。农民上缴大量税费，但从中央政府得到的财政再分配和转移支付却很少（Tsai，2000）。农村公共物品供给所需的资金并没有被纳入正式的国家财政制度中。在中国农业基础薄弱和农村经济欠发达的背景下，这种仅靠制度外筹资的方式对农村公共物品供给的效力十分有限。首先，这种供给模式没有稳定的专项资金支出保证，必然导致农村公共物品供给总体不足。李燕凌利用对数模型，得出农民的交通运输及通信、文化教育娱乐、医疗卫生保健三项公共物品的需求收入弹性系数远大于 1，反映出当前农村公共物品供给严重不足的现实（李燕凌，2004）。财政资金的投入是公共物品供给的核心必要条件，资金缺位是公共物品供给不足最主要的原因之一。张军和何寒熙认为，家庭承包责任制后，原有的公共财政制度崩溃，地方财政收入萎缩，农户投入激励不足造成了地方公共产品供给水平下降的困境（张军、何寒熙，1996）。王磊用农业支出占国家财政支出的比重和农业投入比重下降的具体数据呈现了我国农业基础设施投入、农村教育和社保等农村公共物品供给的总体不足现状（王磊，2004）。其次，农村现有的公共物品制度外供给模式中的政府责任缺失，也容易使农村公共物品供给陷入困境。马晓河指出，政府"重城市轻农村"的发展策略，规避了对农村公共物品供给的责任；供给责任由中央向地方政府层层推卸，农村公共物品供给的资金负担最终大部分落在了农民身上，而农民是缺乏负担供给责任的能力的。从财政上，农民负担不起，从供给机制上，政府管死了一切，第三方无法进入，企业、个人和社会团体难以参与（马晓河，2005）。

不论是财政资金缺位，还是供给主体及供给责任不清，都会给农村公共物品供给造成严重困境，从而影响农村公共物品的有效供给。不过，这些影响因素都是显性和外在的。那么，从深层次来看，真正影响我国农村公共物品供给的本质因素有哪些？已有的治理和国家—社会关系理论提供了不同的三大预测：制度设计、经济因素和社会因素（市民社会及社会资本）。具体来说，第一种观点强调制度设计的重要性，良好的治理依赖于设计一套行之有效的民主行政制度；第二种观点认为经济因素决定着公共物品供给的质量，良好的治理与经济增长之间不存在分歧；第三种观点则重视社会因素，即社会资本因素，并认为特定的组织和制度对政府的绩效具有积极影响（蔡晓莉，2006）。这三种理论预设同样可以作为研究中国农村公共物品供给问题的分析框架。在这样的分析框架下，我们分别从制度因素、经济因素、社会因素和个体行动四个方面对已有的中国农村公共物品供给相关研究进行文献梳理。

第一，正式制度因素：制度设计与农村公共物品供给。

已有的治理理论一直在强调制度设计的重要性。正如奥斯特罗姆指出的，良好治理的关键是能否设计出一种公民或更高级别政府可以对官员的行为进行有效监督和制裁的民主行政制度（奥斯特罗姆，2000）。我国农村公共产品供给制度是为提供农村公共产品而制定的一系列关联性的规则和制度的集合，它主要包括决策机制、筹资机制和生产管理机制（高鉴国，2008）。不过并非所有的制度安排都一定会带来良好的治理结果。从我国农村公共物品供给的现状来看，情况确实不尽理想。张琳对我国农村公共物品供给问题进行研究综述，总结了我国学者对农村公共物品供给现状达成的一些共识。他们普遍认为我国农村公共物品供给存在供给总体不足、供给结构不合理、供给责任划分不清、供给主体错位缺位和供给效率低下等问题（张琳，2007）。从本质上来说，我国农村公共物品供给制度是从新中国成立后的人民公社时期一直沿袭至今。李建军研究了我国农村公共物品供给制度的路径变迁后指出，现行农村公共产品供给制度在路径变迁中依然沿袭着制度形成初期的一些特征，这表现在两个方面：一是政府仍然是公共产品供给的决策者；二是农民仍然是公共产品成本的实际支付者（李建军，2010）。国内学者普遍认同的一个观点是，在我国农村公共物品供给中，制度外筹资机制的不合理和供给行政制度的缺失给农村公共物品供给带来许多困境。林万龙对我国农村公共物品的制度外筹资供给的历史和现状做了详细介绍，认为现有的供给制度存在供给决策的自上而下和单中心体制、多元供给的缺乏规范、成本分摊的累退效应等特征（林万龙，2002）。

这样看来，目前我国农村公共物品供给所存在的问题似乎都指向了现有供给制度的安排。因为这一套制度设计中，存在不合理的筹资机制、没有权责明确的行政制度（决策和管理机制）、也没有有效的民主监督制度。但现有的文献并不足以说明不同的制度设计会对农村公共物品供给产生怎样不同的具体影响。不合理的筹资机制或不合理的生产管理机制是否真的对公共物品供给有影响，还未得到研究的证实。不过国外有些学者从民主制度的视角对公共物品供给做了研究。已有理论和实证研究表明，在发达国家，民主治理确实对公共物品供给有影响（Lizzeri, Persico, 2001；Besley, Burgess, 2001；Besley, Coate, 2001）。Lizzeri和 Persico 认为，按照"公共物品需求增加论"，政府还选举权于民的同时应该增加公共物品支出，而不是增加转移支付（Lizzeri, Persico, 2003）。按照他们的观点，民主选举可以促进政府加大对公共物品供给的投入。不过，国内的学者张晓波、张林秀等基于 2000 年在江苏境内6 个县市共计 60 个村庄的调研数据分析表明，单靠选举不一定能增加村财务支出中公共投资的比例，只有真正实现决策权分担以后，公共支出中用于公共投资的比例才会增加（张晓波，2003）。Tsai 于 2001 年对中国七个不同省份的 316 个村庄进行调查研究和数据分析，得到了类似的结论：与民主理论预测相反的是，选举和村民代表大会制度的施行对政府公共物品供给并没有很强的积极影响（蔡晓莉，2006）。

在制度安排层面，国内大多数学者都只是作了理论上的探讨，极少数的学者对我国现有农村公共物品供给的制度设计进行实证研究。我们仍然难以确定现有的制度安排在多大程度上发挥了它的效用。现有供给制度中，自上而下的决策机制和制度外筹资供给在何种程度上以及如何影响着我国农村公共物品的供给？在缺乏民主制度的环境下，公民无法对农村公共物品的供给主体及其供给行为进行有效监督，这是否意味着建立一套自上而下的完善的管理监督机制显得尤为重要？这些问题都有待进一步的实证研究。

第二，经济因素：经济发展与农村公共物品供给。

影响农村公共物品供给的也不仅仅是制度因素，与制度因素同样重要的还有经济因素和社会因素。关于经济发展与农村公共物品供给关系的研究，国内学者张秀生研究了农村公共物品供给对农民收入增长的影响（张秀生，2008）。于丽敏研究了农村公共物品不足对于农村经济发展的瓶颈效应（于丽敏，2003）。农村公共物品供给对于农村的经济发展固然重要，但是反过来，农村的经济发展水平对于当地公共物品供给的影响也是不容忽视的。从理论上讲，如果控制住所有其他的影响因素，单从经济发展角度考察其对农村公共物品供给的影响，我们可以认同治理理论预测的第一个观点：是经济因素而不是社会因素决定着公共物品供给的质量。因为更高的经济发展水平意味着该地区将拥有更多用于投入公共物品的财政资金和资源。不仅是居民可能拥有更高的收入，更重要的是为政府提供了更多的财政税收。这样，不论是制度外筹资还是制度内筹资，当地的公共物品供给都会拥有更多的财政资金保证。而不管怎样，财政资金总是公共物品供给的核心必要条件。所以从理论上推测，经济发展水平直接影响着当地的公共财政状况，从而影响该地区的公共物品供给。

但是现实的情况是，政府拥有更多的税收和充足的财政资金，并不能保证政府用于公共物品供给的投入也必然增加。Tsai 在中国农村的研究数据表明，经济因素对中国农村地方政府提供公共物品并没有显著性影响。她用具体数据说明了农村乡镇企业和私有企业给当地带来的经济发展和税收可能促进了当地公共物品更好地供给，但并不与当地政府对公共物品的投入成正相关（Tsai，2007）。由此看来，经济发展也并不必然与良好的治理相关（蔡晓莉，2006）。换句话说，经济发展并不一定会促进当地的公共物品供给。在复杂的现实社会环境下，影响农村公共物品供给的因素是多方面的，我们是否可以认定经济因素对于我国农村公共物品供给起到决定性的作用？经济因素在所有的影响因素中扮演怎样的角色？对于这些问题，已有的研究并未给出一个明确的答案。

第三，社会因素：社会资本、连带团体与农村公共物品供给。

根据已有理论提供的三大预测，除了制度安排和经济因素，还有学者从社会因素的视角去考察公共物品供给问题。这里的社会资本着眼于市民社会和社会资本，并认为特定的社会组织和制度对政府绩效具有积极影响。社会资本的概念最初由法国学者布迪厄（Pierre Bourdieu）于20世纪70年代提出。不同的学者对社会资本的理解不尽相同，相关的经验研究对社会资本的操作定义也存在差异（参看 Lochner，Kawchi and Kennedy，1999；Onyx and Bullen，2000；Barayan and Cassidy，2001），这里我们主要借鉴帕特南的社会资本理论。美国学者帕特南（Robert Putnam）把社会资本定义为"社会组织中诸如信任、互惠的规范以及网络等特点，它们可以通过促进合作的行动而提高社会的效率"（Putnam，1993）。帕特南用社会资本的概念解释为什么意大利北部许多地方政府的表现都比南部城市好。他发现在社会资本建构比较好的北部城市，市民热衷参与社团和公共事务，社会充满了互信和合作的风气，使得地方政府在政府的稳定、财政预算的制定、法律改革、社会服务的推行、工农业改革等方面都较其他社会资本较低的地区要好。典型的市民社会和社会资本理论所侧重的社会组织和制度，是指存在于商业、政府和家庭之外的自发的协会、利益集团和协会活动（Ehrenberg，1999）。这些组织形成的社会资本——信任、互惠的规范和网络——推动了集体行动并鼓励公共精神的产生（Putnam，1993）。不过，这些社会资本以及由此所产生的公共精神是否能够克服公共事务/公共物品供给中的集体行动逻辑困境，很大程度上依赖于外在的民主体制。在民主体制下，存在正式的制度将公民的参与和利益需求结合到政策制定之中，更多的集体行动和公共精神可以提高市民的政治参与程度，使政府能够了解公民的需求，从而提高政府的绩效（Boix、Posner，1998）。

帕特南的社会资本是基于特定的社会组织而形成的，主要是存在于商业、政府和家庭之外的自发的协会和组织集团等。在中国农村，除了宗族组织之外，其他完全独立于政府而高度自治的社会组织并不多见。Tsai 在考察了中国农村中普遍存在的村庙、乡村教堂和血缘团体在村庄公共物品供给中的作用之后，得出了以下结论：在非民主制度下，并非所有的社会团体和社会资本对政府绩效和公共物品供给都有显著的影响（蔡晓莉，2006）。最后归纳出，基于共同利益和共同责任而建立的、具有包容性和嵌入式的"连带团体"（solidary group）可以给当地官员带来足够强大的提供公共物品的激励（Tsai，2007）。这里的包容性是指"连带团体"对于当地任何人都是开放的，这使得其社会边界与政治边界重叠；嵌入式是指"连带团体"的成员往往包含当地的官员。"连带团体"对于当地官员的激励机制是这样一个过程：由于"连带团体"的集团边界与当地的行政边界相交叠，这些官员在为当地社会提供公共物品的同时，也服务了他所在的组织（连带团体）。他付出这些服务的回报是组织赋予他的道德权威，而这有助于他在执行政府政策时得到民众的积极配合与支持。反之，如果缺乏这样的道德权威，他可能会被排斥在各种社会活动之外，甚至被排斥于整个社区之外，而这种情况无疑会加重他的行政成本。由此看来，这些组织（连带团体）之所以对公共物品供给产生积极影响作用，并不是因为这些组织产生了可以克服集体行动困境的社会资本。实际上，它们的效力得以产生恰恰是因为它们并不是完全独立于政府的（蔡晓莉，2006）。这是完全有别于帕特南的社会资本理论的另一种作用机制。

第四，个体行动：集体行动困境与公共物品供给。

在已有的理论预测的基础上，不同学者分别从制度因素、经济因素和社会因素三大不同的视角探讨公共物品供给问题。综合考虑这三大因素，除了部分的制度安排（具体一项公共物品供给机制的制度安排）和经济因素（整体的国家或地区的财政资金情况），可能直接影响当地的公共物品供给，大部分的制度、经济和社会因素对于公共物品供给的影响，都是首先落脚于参与公共物品供给的个体上。换句话说，一般情况下，三大因素并不是直接影响公共物品的供给，而是首先作用于参与公共物品供给的个体，通过影响个体的行动逻辑，进而影响公共物品供给情况。奥斯特罗姆强调正式制度的设计，是为规范、监督和制约政府官员的行为。"良好治理的关键是能否设计出一种公民或更高级别的政府，可以对官员的行为进行有效监督和制裁的民主行政制度（Ostrom，1990）"；帕特南的社会资本理论也在于强调构成社会资本的各要素——信任、互惠的规范和网络——是如何推动个体的集体行动以及鼓励其公共精神的产生，最终对公共物品供给/公共事务的治理发挥效用（Putnam，1993）；Tsai 的连带团体，也是通过激励官员、提供非正式的责任机制，从而为当地居民带来良好的公共物品供给（Tsai，2007）。因此，如果要研究公共物品供给的影响因素，我们很难避开对个体行动逻辑的讨论。

可见，要考察中国农村的公共物品供给问题，同样有必要考察村庄"农民的行动逻辑"以及特定村庄环境对其行动逻辑的影响。贺雪峰对"农民的行动逻辑"有过专门的研究和论述。按照他的观点，"所谓农民的行动逻辑，意指农民行动所遵循的原则和规律"（贺雪峰，2006）。如果站在一个村庄的立场，在制度设计和经济环境不理想的情况下，我们无法在短时间内改变当前的制度安排和现有的经济环境，那么我们唯有结合村庄具体的社会环境，尝试着动员村庄中的广大农民——通过影响村庄"农民的行动逻辑"——为村庄提供公共物品。确实，在目前的中国农村，农民本身才是农村公共物品真正的筹资和供给主体（李建军，2010）。在税费改革之前，农村公共物品的财政资金主要来源于农民支付的公积金、"三提五统"等；税费改革之后，财政资金主要来源于上级政府的转移支付和村民筹资合作的"一事一议"。但事实上，国家转移支付的数额十分有限，"一事一议"制度在实施中也没有真正发生效用（涂圣伟，2009）。所以，纵观我国农村公共物品供给的制度变迁，只要制度外筹资的方式没有发生根本改变，农民始终逃脱不了在公共物品供给中作为筹资主体的责任。甚至在必要的时候，村一级组织和农民还要承担起村庄公共物品供给主体的责任。张林秀、李强等学者对农村公共物品投资问题进行研究，收集的定量数据表明，农村村一级组织和农民自己担负了他们公共物品投资的很大一部分（张林秀、李强，2005）。正如陈潭指出的，在计划经济时代，乡镇政府根据公共生产的需要主动承担了公共物品的提供；而到了"后农业税时代"，政府行政权力在农村公共事务管理中收缩，供给主体向农村社区发生转移，从人民公社时期的政府"包办"到改革开放初期的市场渗透再到市场经济体制下的第三部门介入，已呈现出多元主体的发展趋势。但是政府职能的缺失、市场失灵的存在和第三部门作用的有限性，使村民集资合作供给成为村庄公共物品供给体系的有效补充（陈潭，2010）。虽然贺雪峰、罗兴佐学者坚持国家在农村公共物品供给中的主体作用（贺雪峰、罗兴佐，2006），但也有学者坚持农民的供给主体地位（宋敏，2006），认为由农户自愿供给农村社区内的公共物品会有一个有效的结果（符加林等，2007）。我们相信经济环境会一直发生变化，农村公共物品供给制度也会不断完善和变迁。从长远来看，经济环境和供给制度的变化，可能会改变村庄农民在农村公共物品中筹资和供给的主体地位。但是，不可否认的是，村庄农民始终是农村公共物品的消费主体。作为供给主体，我们可能需要考察农民的筹资和供给意愿对农村公共物品供给的影响；而作为消费主体，我们可能需要考察农民的民主参与和监督对农村公共物品供给制度的影响，进而影响政府对农村公共物品的供给。所以，不论是作为农村公共物品中的供给主体还是消费主体，"农民的行动逻辑"不可避免地会对公共物品供给状况产生影响。

在公共物品供给过程中，个体的行动会聚成集体行动，这是问题的根源所在。集体在面对公共物品时难免出现问题，似乎是一个显而易见的结论。早在古希腊时期，亚里士多德就注意到："凡是属于最大多数人的公共物品（commons）常常是最少受人照顾的东西，人们关心着自己的东西，而忽视公共的东西（Politics，Book Ⅱ，Ch. 3；1261b. 30）。"
威廉·福斯特里奥德（William Forster Lloyd，1977）与斯考特·戈登
（H. Scott Gordon，1954）再次提出了公共财产会被不计后果使用的逻
辑。戈登作了以下描述："属于所有人的财产就是不属于任何人的财产，
这句保守主义的格言在一定程度上是真实的。所有人都可以自由得到的
财富将得不到任何人珍惜。如果有人愚笨地想等到合适的时间再来享用
这些财富，那么到那时他们便会发现，这些财富已经被人取走了（Gor-
don，1954：124）。"学者加勒特·哈丁（Garrett Hardin）用"公地悲
剧"恰如其分地总结了人们过度使用公共资源所导致的后果，"公地悲
剧"意味着，任何时候，只要许多个人共同使用一种稀缺资源，便会发
生环境的退化（奥斯特罗姆，2012：2）。他在1968年的《科学》杂志
上发表文章指出："这是一个悲剧。每个人都被锁定到一个系统。这个
系统迫使他在一个有限的世界中无节制地增加他自己的牲畜。在一个信
奉公地自由使用的社会里，每个人趋之若鹜地追求他自己的最佳利益，
毁灭就是所有人的目的地。"（Hardin，1968：1，244）如果用囚徒困境
的博弈模型来表示哈丁的模型（Dawes，1973，1975），则说明个人理
性的策略会导致集体非理性的后果这一悖论。里奇蒙·坎布尔（Rich-
mond Campbell）在《理性和合作的悖论》中解释了个人理性与集体合
作的悖论问题："非常简单，这些悖论毫无疑问地抛弃了我们对理性的
解释，并且就如囚徒困境的例子所揭示的那样，它说明理性的生灵之间
的合作是不可能的。"（Campbell，1985：3）不论是哈丁的"公地悲
剧"还是囚徒困境博弈模型，它们所揭示的本质问题在于集体行动逻辑
所导致的困境。曼瑟尔·奥尔森（Mancur Olson）是公认的对集体行动
的逻辑问题进行系统分析与解释的集大成者。1965年，奥尔森发表著
作《集体行动的逻辑》再次阐明集体行动困境的问题："但是认为从理
性的和寻求自我利益的行为这一前提可以逻辑地推出集体会从自身利益
出发采取行动，这种观念事实上是不正确的。如果一个集体中所有个人
在实现了集体目标后都能获利，由此也不能推出他们会采取行动以实现
那一目标，即使他们都是有理性的和寻求自我利益的。实际上，除非一
个集体中人数很少，或者除非存在强制或其他某些特殊手段以使个人按
照他们的共同利益行事，有理性的、寻求自我利益的个人不会采取行动
以实现他们共同的集体的利益（奥尔森，2011：2）。"这说明，所有集

体行动的困境在于，理性的个体为达成自我利益最大化的目的，会不自觉地受到"搭便车"、规避责任以及机会主义的诱惑，除非存在一种强制或独立的激励机制，否则理性的个体不会主动为达成集体目标作贡献，而倾向于选择做一个"搭便车"者。

公共选择理论上的哈丁的"公地悲剧"、普遍使用的"囚徒困境"和奥尔森的"集体行动的逻辑"理论模型，说明了人们在面对公共物品时，不仅在公共物品占有环节容易受到"搭便车"或机会主义的影响，而导致对公共物品的过度使用与消耗，而且在公共物品供给的环节，人们同样会面临搭便车、规避责任或其他机会主义行为的诱惑，没有动力为集体共同的利益做贡献，而只会选择做一个搭便车者，形成集体行动困境（奥尔森，1996）。为解决人们在公共物品供给中的集体行动困境，不同的学者给出不同的解决方案。奥尔森从理论上揭示了大规模集体可能面临更多的搭便车问题，他从组织学的角度提出对策，建议将大集体分化成小集体，在小集体中采用社会制裁或社会奖励等选择性激励以克服人们在集体行动中的搭便车现象（奥尔森，2011）。奥斯特罗姆通过研究公共池塘资源的自主治理，发展出自主组织和自主治理理论。该理论的核心内容是，在一定的制度安排下，一群相互依赖的委托人可以把自己组织起来，进行自主治理，从而能够在所有人都面对搭便车、规避责任或其他机会主义行为的情况下，取得持久的共同利益（奥斯特罗姆，2000）。她还提出了确保这种制度设计得以成功的八项具体的设计原则（奥斯特罗姆，2000）。帕特南的社会资本理论为克服公共物品供给中的集体行动困境提供了另一种可能的解释。社会资本理论着眼于商业、政府和家庭之外的自发的协会、利益集团和协会活动等组织（Ehrenberg，1999）。这些组织形成的"社会资本"——信任、互惠的规范和网络——鼓励了公共精神的产生，从而推动了集体行动（帕特南，2001）。国内已有学者基于自主治理理论和社会资本理论，结合某村庄村民自发合作修路成功的案例，对村民自发合作提供小规模公共物品的行为进行理论和实证分析（苏杨珍、翟桂萍，2007）。也有越来越多的学者开始运用集体行动和利益博弈的框架，分析农民的参与情况对于村庄公共物品供给的影响（陈潭、刘祖华，2009；贺雪峰，2006；刘能，2007；李海舰，2010；陈潭、刘建义，2010）。

从已有的分析框架来看，研究我国农村公共物品的供给问题，可能需要综合考察制度设计、经济发展水平和社会环境这三大因素对其的影响。不过已有的研究主要侧重于宏观层次的制度因素、经济因素和社会因素对公共物品供给的影响，而较少具体深入地探讨这些因素的作用过程，即各项因素是如何作用于个体的行动逻辑、进而影响公共物品的供给。特别是，较少有学者做深入的实证个案研究，探讨村民个体的行动逻辑对村庄公共物品供给的影响，以及分析其特定的村庄环境是否可能通过影响村民的个体行动以克服其在公共物品供给中的集体行动困境，最终影响村庄的公共物品供给。对这一问题的深入探讨是重要的。因为，在村庄的公共物品供给中，我们也看到了显而易见的集体行动困境的问题。

1.3　个案的选定与研究方法

本书将选定一个特定的个案村庄，结合定性访谈与定量问卷调查的方法进行个案研究。深入考察村庄公共物品供给现状，试图研究个案村庄中特有的非正式制度是否对村民在公共物品供给中的行为表现产生影响及其影响结果如何？

第一，个案的选定。

选定的个案村庄位于福建省福州市东南方向的 T 村——一个以温氏为主的单姓宗族村庄。之所以选择这个村庄主要基于以下几点考量：一、一定程度上属于研究者本人情感性行为的一种"私心"选择。T 村正是研究者本人从小生活其中的村庄，对于村庄有些特殊的情愫，并抱有极大的研究兴趣。从小生活、生长在 T 村，对 T 村的人与事以及各种既存的"社会事实"已有一定的感性认识。由于熟知村庄的人与事，加之语言上基本不存在障碍，可以大大缩短调查时进入田野的时间。必要的时候，可以自然融入村庄进行参与式观察。二、位于福建东部丘陵地带的一个小村庄，T 村既有自身的特殊性，又具有一定的典型性：由于地形的原因，长期的交通不便阻隔了 T 村与外界的社会和经济联系。到目前为止，T 村仍然是一个较为封闭的传统村落。T 村的特殊性在于，它是南宋时期从江西迁来至此的一个单姓宗族村庄，带有极强的宗族性。由于迁移历史和单姓宗族的原因，T 村较为完整地保留了与温氏宗族相关的传统文化、宗教信仰以及各项风俗习惯（正是诺斯所称其为

"非正式制度"的各个要素)。如此，从县市等小范围上看，T村不仅在生活、语言上与周边的村庄存在较大差异，各种社会生活习俗更是迥异，这些构成了T村的特殊性；但从福建省整体情况来看，T村又具有一定的代表性：宗族村落普遍存在于福建省各地，研究福建村落一般很难避开讨论宗族问题。不仅如此，福建省内还存在大量的单系亲属组织（弗里德曼，2002：2）。从这方面讲，作为单姓宗族村落的T村即具有一定的代表性。

第二，研究方法。

本书将结合定量的问卷调查和定性的深度访谈方法，对T村进行个案研究。选定这两种方法的原因是：一、采用定量问卷调查的研究方法，可以较为全面地获得一手资料。本书要探讨个案村庄公共物品的供给现状、村民在公共物品供给中的参与程度以及影响其参与程度的社会制度因素。通过全村性的问卷调查，我们可以直接获得村庄现有的公共物品供给和村民参与历次公共物品供给的情况。同时，可以在问卷中设计一些主观意愿的态度题，通过数据描述可以获得对村民在公共物品供给中参与意愿的一般性认识。二、采用定性的深度访谈，可以深入了解被访者的主观态度和行动背后的逻辑。虽然定量的问卷调查法可以让我们获得较为全面的资料，但本书同时要进一步探讨在村庄每一项公共物品供给的过程中，村民的参与程度以及背后的社会制度等影响因素。通过深度访谈，我们可以深入地了解村民参与村庄公共物品供给的主观意愿、动机以及行动逻辑：组织者的组织动机和采用的具体动员策略；一般村民（被组织者）的参与意愿和深层次原因。由此推导出影响村民在公共物品供给中参与程度的可能的社会制度因素。以此提出研究假设，并通过问卷设计、数据收集和分析，进一步验证研究预设。

第三，本书所使用的数据资料来源主要有以下几个方面。

一、预调查。从2010年8月中旬到9月中旬，笔者首次走访T村完成初步调研。在此期间，主要选取村庄现任书记、主任、熟知村庄历史的老一辈村民以及村庄各次公共物品供给项目的组织者进行半结构式访谈。初步了解村庄的历史、基本的经济水平、人口结构及社会结构情况；村庄公共物品供给的历史、现状，以及历次公共物品供给的组织情况；一般村民在各次公共物品供给中的参与情况等。这次的预调查旨在初步了解村庄各项概况，为进一步的问卷设计、问卷调查和深度访谈做好准备。

二、深度访谈和参与式观察。主要的访谈资料数据来源于2011年4月初到5月底期间。笔者第二次进入T村，对第一次选取的村庄现任书记、主任、村庄各项公共项目负责人及一般村民等15位被访者再次进行深度访谈。深入了解村庄的历史、宗族情况和各项习俗、社会活动等；同时进一步了解村庄各项公共物品供给中，组织者的组织动机、具体的组织策略，以及一般村民的参与意愿和参与动机。此次调研期间，正好赶上T村特有的一项传统活动：农历四月初十，T村为庆祝地方神"田公元帅"生辰，举办一系列的祭拜和庆典仪式。对于生长于T村的笔者而言，这并不是第一次参与这样的节庆活动。但这却是笔者第一次以研究者的身份对所有庆典仪式、活动以及参与其中的T村村民的行为进行观察和分析。

三、全村性的问卷调查。在预调查和首次访谈调查之后，经过对资料的初步研究和分析，笔者提出了研究的预假设和理论框架。在此基础上进行问卷设计，并于2011年7月中旬到8月底重返T村，开展全村性的问卷调查。此次调研主要采用问卷调查方法，具体是以户为单位、在T村中随机抽取120户样本量（8个自然村总户数大小不一，按照一定比例在不同自然村中随机抽取），再由笔者深入8个自然村进行入户调查。笔者依照问卷询问问题，被访者一一进行作答。最终回收有效问卷109份。由于历次村庄公共物品供给的组织，是以农户为单位进行集资，但同时，我们要考察的却是村民个体的行动逻辑。因此，笔者在抽取样本时，是在整个村庄内以户为单位地随机抽取。接着入户发放问卷，具体的问卷调查对象落实到村民个体上。一般接受问卷调查的对象是每家农户的户主（以男性居多，在男主人不在场时，由女主人接受问卷调查）。

四、文献档案。由于T村单姓宗族的特性，在考察T村的历史、各项传统活动、风俗习惯等问题时，难免涉及T村的宗族问题。在此需要参考的文献档案主要是T村的温氏族谱。从温氏族谱中，可以全面了解T村的宗族情况，使T村的历史、各项风俗习惯等都变得有据可考。

1.4 本章小结

长期以来，在城乡二元体制下，农村社区的公共物品供给严重不足。自农业税费改革以来，中国农村的公共物品供给再次受到极大的挑战。与此同时，十六届五中全会提出的社会主义新农村建设目标，使得中国农村的公共物品供给成为新农村建设的重中之重。一直以来，中国农村的公共物品供给问题都是学界研究的热点问题，不少学者在这方面进行了研究。但是现有研究主要集中于农村公共物品供给的现状、存在的问题、对策和供给制度的变迁等理论上的分析探讨，而鲜有学者进行深入的实证研究。即便已有少量的实证研究，所运用的分析框架则侧重于宏大的正式制度因素、经济因素和社会因素对普遍性的农村公共物品供给的影响问题进行研究，较少有学者做深入的实证个案研究，探讨微观层次的村民个体的行动逻辑对村庄公共物品供给的影响。并分析其特定的村庄环境是否通过影响村民个体的行动逻辑和参与程度，进而影响村庄的公共物品供给。

本书选取一个特定的个案村庄，结合定量问卷调查和定性深度访谈的方法进行个案研究。主要考察的问题是，在农业税费改革和社会主义新农村建设并行的背景下，个案村庄公共物品供给的现状；在各项公共物品供给中，村民的参与程度如何？是否存在集体行动困境——"搭便车"的问题？以及村庄中自发生长的、特有的非正式制度是否影响了村民在公共物品供给中的行动逻辑和参与程度，并最终影响村庄公共物品供给？本书的分析框架仍然借鉴了已有的三大预测——制度设计、经济因素和社会因素。与已有的大部分研究不同的是，本书将侧重点放在具体考察村民个体的行动逻辑对村庄公共物品供给的影响方面。但同时，对村民个体行动逻辑的考察，难以避开讨论村庄特有的环境。本研究对个案村庄环境的考察重点放在村庄特有的非正式制度（有别于正式的制度设计）上，将运用非正式制度的理论框架、结合实证资料和数据，对个案村庄的公共物品供给问题进行研究与分析。

第二章　非正式制度与个体行动

本书所采用的非正式制度（informal institution）视角和制度分析方法来源于制度学派，因此，在本章节中有必要先对制度学派的起源、发展以及主要的理论观点做一个简单的回顾和梳理。在梳理了制度学派的起源、发展以及主要的理论观点后，再逐步提出制度学派对本书所采用的理论框架的启示意义。本书正是基于制度学派的理论和分析方法发现了制度对于个体行动逻辑的重要影响作用。但是，不同于新、旧等各个制度学派的学者仅从学派本身出发选定一个理论分析视角，本书试图统合所有制度学派、不分派别地选取非正式制度的视角作为整项研究的理论分析框架。

2.1　理论来源：制度学派

制度学派（Institutional school）最早诞生于 19 世纪末 20 世纪初的美国，是一个重要的经济学派别。制度学派非常强调制度分析和结构分析的重要性，以研究"制度"而得名。但除此外，制度学派成员便少有共性。学派内部没有统一公认的主体理论，它并不是一个严格的、内部观点统一的学派，持不同观点的学者往往各成一家，该学派成员的学说几乎都是自成体系。从学派的演进来考察，主要可以分成两大阶段：一般称第一阶段的制度学派为"早期制度学派"或"旧制度学派"，主要从 19 世纪末 20 世纪初制度学派创立演进至 20 世纪三四十年代。主要代表人物有凡勃伦、康芒斯等；第二阶段的新发展被称为"新制度学派"，形成于 20 世纪 50 年代，特别在 60 年代之后有较大的发展。新、旧制度学派被统称为制度学派。新制度学派沿袭了旧制度学派注重制度分析与结构分析的传统，不过具体的分析视角和侧重点有所不同。

2.1.1　旧制度学派

制度学派起源于 19 世纪末 20 世纪初的美国，是由其特定的社会背景催生的。19 世纪后期，正是美国内战结束后的工业化时期。这一时期的美国社会经历着剧烈的制度变迁，无疑这对旧制度学派的诞生产生了巨大的影响（贾根良，1999）。19 世纪末期，美国成为垄断资本主义最发达的国家，同时也成为贫富两极分化最突出的国家，阶级矛盾日益加深。"实际上，无论是在美国中西部还是东部，19 世纪最后 30 年迅速的工业化过程都充满着混乱和动荡，农民抗议与工人运动不断发生，阶级和阶层利益冲突剧烈。"（贾根良，1999）这些急剧变化的外部环境对美国学者索尔斯坦·凡勃伦（Thorsten Veblen）产生了很大的冲击和影响。他认为以往的传统经济学理论已经无法解释当下美国社会经济成长、变化的累积作用的过程。他提出应该把人类生产借以实现的各种制度作为经济学的研究对象，从制度分析出发来建构经济理论体系（张克难，1998）。凡勃伦突破了传统经济学的方法论，结合运用历史方法、社会达尔文主义和职能主义心理学的方法，对当下美国的资本主义制度进行研究和分析，指出了资本主义制度存在的各种弊端和缺陷，强调对资本主义各种经济关系的改良以解决各种社会矛盾和问题。凡勃伦在 1899 年发表《有闲阶级论》，以及在 1904 年发表《企业论》，由此创立了制度学派。

凡勃伦是制度学派的创始人，他最早提出了制度的定义。在他看来，制度"实质上就是个人或社会对有关的某些关系或某些作用的一种思维习惯"（凡勃伦，1899：139），就是"人所共有的现存的思维习惯"（Veblen，1919：239）。凡勃伦的制度定义主要包括"惯例、习俗、行为规范、权力和财产的原则"（Veblen，1914：49）。换句话说，凡勃伦认为各种制度归根结底是由社会风俗习惯演化而成的，有什么样的风俗习惯就决定了会有什么样的制度构架（凡勃伦，1964）。这就要求我们需要从历史中去找寻一项制度的起源和形成过程，才能加以认识和理解。同时，"制度是以往过程的产物，同过去的环境相适应，因此同现在的要求绝不会完全一致"（凡勃伦，1899：139）。由此，凡勃伦也得出了制度的演化过程是缓慢而滞后的观点："人们对于现有的思想习惯，除非是由于环境的压迫而不得不改变，一般总是要无限期地坚持下去。因此遗留下来的这些制度，这些思想习惯、精神面貌、观点、特点以及其他，其本身就是一个保守因素。"（凡勃伦，1899：140）

关于制度变迁的问题，凡勃伦认为制度变迁是一个适应环境改变的过程，"当人们以新的方式来适应环境后，生活手段就要重新分配"（凡勃伦，1899：142）。在制度变迁过程中，"一种思维习惯或制度中的既得利益集团是最保守的因素"（张林，2003），他们从事不生产的"金钱的"职业，执行着仪式性的职能，维护和强化现存的制度（Veblen，1904）；而促进制度变革的主要力量来源于技术进步，或者说是社会中的技术从业人员，他们从事"工业的"职业，执行工具性的职能，具有突破现有制度约束的强烈要求（Veblen，1921）。归纳起来，凡勃伦的制度演进思想始终围绕技术与制度间的关系展开，主要包括：第一，制度取决于社会风俗习惯，其变迁过程是缓慢滞后的。为了适应新的生活环境，加上技术的推动作用，制度才会发生改变；第二，一项制度中的既得利益集团是制度变迁的阻力，制度的缓慢变迁又阻滞了技术的进步；第三，在技术和制度关系中，技术是动态因素，制度是静态因素，技术起决定作用。二者的冲突决定了制度的演化和整个社会结构的变化（张克难，1998）。

约翰·康芒斯（John. Commons）是旧制度学派的又一位重要代表人物。他的代表作《制度经济学》是第一部系统性的制度经济学著作（张克难，1998）。康芒斯延续了凡勃伦重视历史演进的传统，同样认为制度是社会经济进化过程的主要动力。他在《制度经济学》一书中，将制度定义为"集体行动控制个体行动"（康芒斯，1983）。这里，康芒斯所指的集体行动包括的范围十分广泛，从无组织的习俗到家庭、公司行业协会、工会、联邦银行以及国家等。但他最强调的则是正式的法律制度。康芒斯特别强调法律制度对于经济制度的变化所起的作用。他把资本主义制度的产生归功于法院：法院保证了资产阶级法制的胜利，破坏了封建社会制度，为资本主义的发展扫清了道路。他认为资本主义制度经历了三个发展阶段："自由竞争的资本主义"、"金融资本主义"和"管理的资本主义"（他有时称其为"合理的资本主义"）。由"自由竞争的资本主义"发展为"管理的资本主义"，也是由于法制的作用，由于国家法律加强了对于私人企业活动的干预。这就是他所谓的"法制居先于经济"的论断（王运成，1962）。

康芒斯固然强调正式的法律制度的作用，但他并没有忽视习俗、习惯等非正式制度的影响。相反地，习俗、习惯等概念在康芒斯早期和晚期的著作中都可以看到（霍奇逊，2005）。他在《资本主义法律基础》一书中对习俗概念进行了详尽的论述（Commons，1924：298—306）。康芒斯将习俗看成一个社会团体类似的、长期的行为方式。他对习俗的典型定义是："习俗是有望在未来持续的、几乎不变的行为相似性。"（Commons，1950：110）在《资本主义法律基础》一书中，康芒斯也对习惯进行定义：习惯是"身体、神经和大脑的，基于过去经验的潜意识的设定，当受到外部刺激时开始沿习惯性方向前进（Commons，1924：349）"。换句话说，对于康芒斯而言，习惯意味着重复的行为或结果，而不是一种习得的个人倾向（霍奇逊，2005）。康芒斯总的观点认为，大众的习惯、习俗、传统等非正式制度都有可能影响或者限制集体行动，进而影响经济的运转（康芒斯，1983）。

康芒斯制度理论中一个重要的概念是"交易"。交易是他进行制度分析的基本单位。在康芒斯那里，"交易是一种所有权的关系——人与人之间的关系"（康芒斯，1994：144）。交易有三种类型：一是买卖的交易，即平等人之间的交易；二是管理的交易，即上下级的命令服从关系；三是限额的交易，即有权者达成协议的谈判。这三种交易构成了人们经济社会的一切活动，启发了后来的新制度经济学对制度成本概念的研究。

2.1.2　新制度学派

新制度学派（Neo-institutional school）由旧制度学派演变而来，从20世纪50年代开始形成，在60年代后有较大的发展。新制度学派基本继承了旧制度学派重视制度分析与结构分析的传统，并主张对现存资本主义制度进行改革。两者在方法论、理论及政策建议方面都存在许多相似之处，如都强调制度分析和结构分析，都重视非市场的力量对社会经济生活的影响，都持技术决定论的观点等。同时，强调制度分析与结构分析的目的在于从制度或结构层面去做调整和改良，以解决各种社会经济问题。新制度学派的"新"在于更加现实和实用主义，不回避具体的实际问题，如新制度学派研究具体的妇女问题、少数民族问题及小企业或个体生产者的困境问题等，并有针对性地提出一系列对策。

新制度学派的兴起是对制度的"重新发现"，这使不同学科的研究者在各自不同专业领域里集中关注到制度变量对解释结果的重要性。新制度学者分别从经济学、政治学以及社会学的早期传统中汲取灵感和洞察力（Thelen and Steinmo，1992），并形成了侧重不同分析走向的新制度学派。根据豪尔、泰勒及凯尔布尔（Hall and Taylor，1996；Koelble，1995）的划分，新制度学派论者大体上可以分成三类，即历史制度学派（historical institutionalism）、理性选择制度学派（rational choice institutionalism）和社会学制度学派（sociological institutionalism）。以下我们将分别展开讨论三类新制度学派学者的主要理论观点及其制度分析框架。

第一，历史制度学派。

按照美国的历史制度学派学者豪尔的观点（Hall，1996），历史制度学派的兴起和发展是对20世纪六七十年代盛行的政治学集团理论和结构功能主义的一种反应。历史制度学派同时受到这两种理论的影响。首先，历史制度学派借鉴集团理论的观点，即围绕着稀缺资源而展开竞争的各个集团之间的冲突结构是政治的核心问题，但同时，他们试图从制度组织和经济结构冲突赋予不同集团利益的不同影响，对政治性后果的差异性或不平等性做出解释（Eckstein、Apter，1963）；其次，受到结构功能主义的影响，历史制度学派也将政体看成相互作用的各个部分所构成的一个整体，但不认同某些功能主义者将个体的社会、心理和文化特性看成体系运作的驱动因素。相反，他们关注制度组织或经济结构对个体行动的塑造和影响（Hall and Taylor，1996）。由此，历史制度学派将国家看成一套能够对集团冲突的特征和结构起构造作用的复杂制度体系（Evansetal，1985；Krasner，1980；Katzenstein，1978）。

历史制度学派学者一般采用的制度定义是："制度包括对行为起着建构作用的正式组织与非正式规则和程序。"（Thelen and Steinmo，1992）例如，被广泛接纳的有豪尔（Peter Hall）的制度定义，他就认为，制度包括"正式规则，顺从程序以及标准的操作实践，它们构建着不同政体或经济单位中人与人之间的关系"。又如，伊肯贝里（John Ikenberry）把制度定义为"政府制度、国家结构和民族的规范或社会秩序"三个不同层次。

历史制度学派学者普遍关注的问题是，国家与社会制度的整体规范是如何影响着政治行动者确定其利益，以及如何构建他们同其他团体的权力关系？豪尔（Peter Hall）指出，制度形成了政治行动者所追求的目标以及构建他们之间权力关系的方式，以至一些人获得特权，而其他人利益受损。历史制度学派尤为关注制度在各个社会集团之间不平等分配权力的方式（Hall and Taylor，1996）。也可以在学者斯汀默（Stein-mo，1993）和韦尔（Weir）的研究中看到实证的例子。历史制度学派强调制度是一种模式化的关系，而且这种关系位于制度分析方法的核心。正如豪尔所指出的，制度学派的宣言是，制度建构了政治互动关系，并借此影响着政治结果。

按照豪尔的观点，总的来说，历史制度学派具有相对明显的四个特征。第一，历史制度学派倾向于在相对广泛的意义上来界定制度与个人行为之间的相互关系。在回答"制度是如何影响个体行为的"这个问题时，历史制度学派从"算计路径"和"文化路径"两个方面给出答案。采用"算计路径"的人们集中关注建立在策略性算计基础上的工具性行为这个方面。他们假定，个体寻求最大化地实现自己由特定的偏好所设定的一系列目标。而他们实现这一目标的手段也是策略性的。制度为行动者提供有关其他行动者现在或将来行为的确定性程度，即制度提供了个体与其他行动者相关的信息、协议的执行机制、对背叛行为的惩罚以及对他人的期望等。个体可以在制度所提供的框架之下与他人进行策略性的互动；而采取"文化路径"的人们则强调行为并不完全是策略性的，而是受到个人世界观的限制的有限理性。他们进一步强调个体通过建立规则或类似的行为模式来实现目标。制度在其中为其解释和行动提供了道德或认知模板。个体被看成深深嵌入制度世界之中，而由符号、教义和惯例所构成的制度又为行动者对行动情景和自身的解释起到过滤作用。在"文化路径"的解释中，制度不仅为行动者提供了何种策略才是有用的信息，而且还影响着行动者的身份认同、自我印象和偏好。第二，历史制度学派强调在制度的运作和产生过程中权力的非对称性。他们认为，所有的制度研究都与权力有着直接的关系。历史制度学派尤其关注制度在各个社会集团之间不平等地分配权力的方式，如制度给予了有些集团和利益以更多的接近决策过程的机会，这个过程所导致的结果并非使所有人都变得更好，而将导致某些集团的失利和其他集团的胜出。第三，历史制度学派在分析制度的建立和发展过程中强调路径依赖和意外后果。历史制度学派从独特的视角密切关注历史发展。他们一直强调社会因果关系中的"路径依赖"特性，制度被认为是历史景观中推动着历史沿着某一路径发展的相对稳定和最为核心的因素之一。第四，历史制度学派尤其关注将制度分析和能够产生某种政治后果的其他因素整合起来进行研究。尽管历史制度学派及其关注政治生活中制度所扮演的角色，但他们很少坚持认为制度是产生政治结果的唯一因素。他们倾向于将制度与其他因素一起定位于因果链条之中，社会经济发展与观念的分布也是他们重点考虑的因素。历史制度学派尤其倾向于关注制度与观念信仰之间的相互关系（Hall and Taylor，1996）。

第二，理性选择制度学派。

理性选择制度学派大致与历史制度学派同时期出现，最早产生于对美国国会行为的研究。早期理性选择理论研究者的问题是：如果传统的理性选择理论的假设正确，那么美国国会的立法就很难保持稳定的多数，然而事实却是国会投票的结果出现相当大的稳定性（Hall and Taylor，1996）。在20世纪70年代末期，理性选择制度学派学者开始寻求制度因素的解释。有研究认为"在立法过程中会出现稳定的多数，是因为国会的议事规则和委员会体制构造出了议员们的选择和可能获得的信息（Shepsle，1989）"。按照其他理性选择制度学派学者的归纳，即"制度解决了一些立法者们经常会面对的集体行动困境（Weingast、Marshall，1988）"。换句话说，理性选择制度学派将制度视为一套管理或规则系统，他们认为制度代表了一种理性建构体系，是个人在促进和维护自身利益的情况下建立起来的。理性选择制度学派所开展的研究是新制度主义经济理论在政治系统中的应用研究（郭毅，2007）。

理性选择制度学派典型的行为假设，是将行动者假定为均有固定的偏好，其行为完全是偏好最大化的工具，并且行动者通过高度的算计来满足偏好。而某项制度安排的作用即限制行动者的理性算计，阻碍着行动者从集体行动中获得最优结果。"制度塑造行为的方式是在选择议程上影响替代性方案的范围和顺序，或者提供有关其他行动者的信息和减少不确定性的执行机制。"（Hall、Taylor，1996）

理性选择制度学派强调产权、交易成本对于制度运作与发展的重要性。较有影响的观点如威廉姆斯提出的，"某一组织形式的简历可能通过其降低了履行某一活动的交易成本来进行解释"（Williamson，1975，

1985）。诺斯在分析政治制度史时，运用了类似的观点（North、Thomas，1973）。理性选择制度学派对交易成本的分析重新引起了经济学家对制度研究的兴趣。不同的经济学者、博弈理论者等继承了科斯（Coase，1937，1960）和威廉姆斯（Williamson，1975，1985）等人的分析传统，考虑制度因素的解释力（Davis、North，1971；North、Thomas，1973；North，1981；Posner，1981；Schotter，1981；Sudgen，1986；Alchian、Demsetz，1972；Nelson、Winter，1982；Grossman、Hart，1987；Shepsle，1979；Riker，1980；Shepsle，1986；Gardner、Ostrom，1991；Ostrom，1990）。

理性选择制度学派建立了一套独特的理论来解释制度的产生问题。他们先通过演绎的方式推导出某种具有模式化规范的制度功能，然后通过指出对行动者产生影响的制度功能所具有的价值来解释制度的存在。换句话说，如果一个制度经受住各种竞争选择仍然存在的话，那是因为这个制度为相关的行动者提供了比其他制度形式更多的利益（Hall and Taylor，1996）。伊梅古特则认为，理性选择理论是对相互依赖环境下理性行为者所做选择的分析。它通过博弈论等工具对理性行为者的策略行为进行研究。而且，在理性选择理论中，制度规则被赋予了决定性的作用。理性选择理论的经验研究和理论研究都集中关注个人效用最大化问题，并以此判断政治制度和结果（伊梅古特，2003）。

第三，社会学制度学派。

社会学制度学派的出现大约是在 20 世纪 70 年代末。社会学制度学派是从组织社会学中发展而来的。传统的组织社会学理论在研究现代组织形式或科层制时，倾向于将组织或制度与"目的合理性"联系起来，强调其存在的原因是由于制度运行的理性与有效性，而忽略文化的因素。社会学制度学派开始反思，现代组织所使用的一些制度并不仅仅因为它们在执行任务时候的效率性而被采用，可能存在某种超越理性的因素。他们认为这些组织形式或制度大多都应该被看成文化的具体实践模式。1977 年，迈耶和罗恩（John W. Meyer、Brian Rowan）发表了题为《制度化的组织：作为神话和仪式的正式结构》的论文，奠定了社会学制度学派的基础。罗恩与迈耶将制度视为一个文化规则的集合体，强调理性信仰的重要性。他们认为，组织并不仅仅是技术性的产物，或者是复杂的关系模式的产物，组织同样也是文化规则的理性化的产物，这种文化规则为组织的建立构建了独立的基础（鲍威尔，2008）。此后，迪玛吉奥和鲍威尔（DiMaggio and Powell，1983）以及托尔博特和扎克（Tolbert and Zucker，1983）等学者都为该学派的兴起作出了重要贡献。扎克主要研究认知信仰对于行为的锁定作用。她认为，社会知识一旦被制度化就会作为一种实际、一种客观事实而存在，并且其可以在这一基础上直接进行扩散（扎克，2008）。

马奇（James March）和奥尔森（Johan Olsen）在《重新发现制度》一书中指出，人们的行动是为满足和实现与特定环境背景相联系而深深嵌入文化、社会经济和政治领域中的（March、Olsen，1989：9-19）。个人的行动不仅仅是制度的产物，还是更广泛地参考架构的结果。就像格兰诺维特（Grannovetter，1992）和波兰尼（Polanyi，1944）所指出的，个体发现他们自身嵌入文化和社会的结构中，而恰恰是这些文化和组织决定着个体的"自我利益"和"效用"。因此，在社会学制度学派里，更倾向于从更加广泛的意义上来界定制度的含义。马奇和奥尔森将制度界定为组织中的行为规则、规范和全部程序。鲍威尔（Powell）和迪玛吉奥（DiMaggio）则认为制度定义不仅包括规则、程序组织标准和管理结构，而且还包括惯例和习俗。"所谓的制度无非是行动主体作为群体在内部成员之间共享的关于习惯性的类型化（DiMaggio、Powell，1991）"，而这种类型化的规则体系，或者制度，是影响个体行为的决定性因素。由此可见，社会学制度学派所界定的制度不仅包括正式的程序、规则、规范，而且还包括了为人的行动提供"意义框架"的象征系统、认知模式和道德模板等（Campbell，1995）。这种界定方法打破了制度与文化概念之间的界限，从某种程度上说，文化也成了制度（Almond、Verba，1963；Hall，1986；Swidler，1986）。

在这样的视角之下，社会制度学派试图解释为什么组织采取了一系列特定的制度形式、程序或象征。他们相信，"某一组织之所以会采用某一制度，并不是因为它提高了组织的目的—手段效率，而是因为它提高了组织或其参与者的社会合法性。换句话说，某一组织之所以会采用某种特定的制度形式或实践模式，是因为后者在一个更大的文化环境内具有更大的价值（Hall、Taylor，1996）"。这是因为，制度不仅影响着个体的策略性算计，而且还影响着他们的基本偏好和身份认同。这其中的作用过程是如何实现的？迪玛吉奥和鲍威尔区分了制度在组织或组织场域范围内扩散的三种主要机制：强迫性机制、模仿机制和规范性机制，并指出，组织趋同性是竞争性过程和制度化过程的共同结果（鲍威尔，2008）。而根据道格拉斯的观点，作为共享观念的文化，可能通过三种方式影响甚而塑造人们的行为逻辑。第一，共享的文化赋予人们某种身份（identity），并将身份的分类自然化；第二，共享的文化安排了一套社会记忆系统，塑造了社会群体的记忆和遗忘；第三，共享的文化提供了对事物进行分类的标准，进而影响人们的行为逻辑（Douglas，1986）。由此看来，个体在特定制度下的社会化过程即内化了与角色相关的制度规范，形成了一种自觉的自我规范。正是从这个意义上说，制度被认为是影响着个体行为的（Hall and Taylor，1996）。

2.2　制度分析：制度影响个体行动

从制度学派的演进脉络来看，所有的制度学派学者都集中研究和分析"制度"这个核心问题。但同时，他们试图最终回答的问题是"制度是如何影响个体行动的"，并借以影响最终的结果。在制度学派的框架下，不论在经济学、政治学还是社会学的分析中，制度确实是一个核心的解释变量，而且常常会是一个有效的解释变量。正如豪尔所指出的："任何制度分析的核心都是这样一个问题，即制度是如何影响个人行为的？毕竟，制度是通过个人行动才对结果产生影响。"（Hall、Taylor，1996）关于制度与行动者之间的关系，或"制度如何影响个体行动"的问题，所有的新、旧制度学派学者都有过涉及和论述。

旧制度学派对"制度影响个体行动"的主要观点，英国学者霍奇逊（Geoffrey M. Hodgson）曾指出："从凡勃伦到今天，所有的旧制度学派学者的著作都有一些共同的主题。其中，最突出的也许是为便于经济分析而承认个人的目的和偏好在一定程度上是由社会促成的。"（Hodgson，2000）这里的"社会"即是"制度"的含义。他在另一篇文章中再次谈到这个观点，并引用了旧制度学派中最具代表性的两位学者——凡勃伦与康芒斯——的理论观点。霍奇逊指出，使凡勃伦的著作变得独特和杰出的原因，是凡勃伦关注了制度环境塑造个体的因果过程和心理机制（Rutherford，1984；Hodgson，2003，2004）；同时霍奇逊（Hodgson，2003）还指出，康芒斯也认识到了这一点，他认为是制度在塑造每一个个体（Commons，1965：3），我们相处的每一个个体都是制度化的有智慧的人（Commons，1934：73—74）。我们回顾旧制度学派理论，也同样可以找到凡勃伦和康芒斯对"制度如何影响个体"这个主题的讨论。在凡勃伦看来，制度实质上是个人或社会对有关的某些关系或某些作用的一种思维习惯（凡勃伦，1899：139），是人们所共有的现存的思维习惯（Veblen，1919：239），它包括惯例、习俗、行为规范、权利和财产的原则（Veblen，1914：49）。而凡勃伦制度变迁理论的基本线索始于寻找人类行为的一种支配因素，即思维习惯或制度。所以，在凡勃伦的制度理论中，制度是支配人类行为最主要的因素。而在康芒斯的制度理论中，首先直接在制度的定义中明确提出制度对个体行动的影响作用。在《制度经济学》一书中，他将制度定义为"集体行动控制个体行动（康芒斯，1983）"。

在新制度学派中，研究者们对于"制度影响个体行动"问题的讨论更加凸显出来。制度是如何影响个体行动的，并借此影响结果？新制度学派从广义上对这个问题作出了回答，认为制度对个体行动的影响是通过两种路径得以实现的，即算计路径（calculus approach）和文化路径（cultural approach）。具体来说，那些采用"算计路径"的学者会集中关注个体行动者在制度环境下所采取的行动是建立在策略性算计基础之上的工具性行为。他们假定，个体是理性算计的行动主体，为寻求自身利益最大化、或实现自身某些特定偏好所设定的目标，个体会采取策略性的算计。个体会侧重地考虑每一种可能的方案，并选择那些能够使自身利益最大化的方案。个体行动者的目标或偏好是既定的，而且对外在于制度分析。在这个过程中，制度影响个体的方法是通过对其期望的改变而实现。换句话说，制度影响个体的方式基本上是为行动者提供有关其他行动者现在或将来行为的或大或小的确定性程度。"文化路径"则强调个体行为并不是完全策略性的，而是受到个体世界观的限制，即在制度中，个体的理性是有限的，个体不可能做出彻底的理性算计。而且个体行动过程的选择依赖于对环境形势的解释，而不仅仅是纯粹的工具性算计。在这个过程中，制度为个体行动者提供了解释和行动的认知或道德模板。个体是深深嵌入制度世界之中的，而由符号、规则和惯例等所构成的制度又为个体对行动情景和自身的解释起到了过滤作用。制度不仅为个体提供各种信息，而且还影响着个体的身份认同和偏好。个体的行动是通过制度过滤之后才被建构出来的（Hall and Taylor，1996）。

在对制度学派理论的梳理中，我们参考了豪尔和泰勒（Hall and Taylor）以及凯尔布尔（Koelble）等学者的划分方式，将新制度学派划分为三大类型，即历史制度学派、理性选择制度学派和社会学制度学派。三个学派对于制度与行动者之间关系的讨论和观点亦有所分歧。具体来说，在历史制度学派那里，制度是一个决定性因素，直接决定个体行动者的行为和结果。历史制度学派对研究这个问题的路径选择采取折中方式，介于算计路径和文化路径之间；对理性选择制度学派而言，制度是一个中介变量，它能够影响个体行动者的策略性算计和行动，但却不能决定个体的行动。个体行动中只是参考制度给出的多种可选方案，对于最终的行动选择，个体会通过理性算计后确定。很显然，理性选择制度学派对制度如何影响个体行动的研究倾向于算计路径；社会学制度学派首先在制度的界定上就已经将文化纳入其中，基本上模糊了制度与文化概念之间的界限。所以，他们对于制度如何影响个体的研究也同样带有明显的文化倾向，即从文化路径去解释制度对个体行动的影响。社会学制度学派强调，人的行为通常不受功利主义的驱动，而是在强制、模仿以及规范的压力下，更多地出于合法性的考虑，或是认知方面的原因而趋同（Meyer and Rowan，1977；DiMaggio and Powell，1983）。而这种选择的偏好正是来自制度，制度化的理性神话与制度本身的规范都以内生的形式建构理性行为的选择偏好（DiMaggio、Powell，1991；Thelen、Steinmo，1992；Hall、Soskice，2001）。

2.3 本书的分析视角：非正式制度

纵观制度学派的起源和发展，在所有的新、旧制度学派中，虽存在各种观点分歧，但始终贯穿其中、没有改变的是对制度的关注与强调制度分析。不同学派的学者对于制度的界定和表述各不相同，研究的方法和侧重点也各有差异，但对制度实质内涵的把握却是大同小异的。制度无非是社会的运行规则，是人类有意或无意设计出地用于约束人们之间相互作用的各种规则。虽然大部分的制度学派学者在阐述制度定义时，并不明确区分正式与非正式的制度，但我们在所有制度的含义中不仅可以看到正式的约束规则，如各种正式的政治、经济或社会契约、法律法规等，而且各种非正式的制度，如习俗、惯例及文化等也是显而易见的。

真正明确地对制度作出正式与非正式之区分的制度学派学者是道格拉斯·诺斯（Douglass C. North）。他在其经典著作《制度、制度变迁与经济绩效》中首次提出非正式制度（informal institution）的概念，并对其做了详细的论述。按照诺斯的观点，制度可以降低人们相互作用的成本，是社会的博弈规则，或是人类设计的制约人们相互行为的约束条件。这些约束条件可以是有意识设计的正式规则（包括政治/司法规则、经济规则和合约），也可以是非正式规则，包括禁忌、社会规范及传统习俗等（诺斯，1994：64）。这里的非正式规范即是非正式制度。他进一步说明，非正式制度是与正式制度相对应的、同样对人们的行为起到约束作用的一系列规则，它们并非经过人们有意识的设计，而是在人们长期的社会交往中自发形成、并被人们无意识接受的行为规范，主要包括意识形态、价值观念、道德观念以及风俗习惯等（诺斯，1994）。由此，我们可以得出，正式制度是人们有意设计的规则体系，它们详细规定了人们应当遵守的程序和未能遵守相关规范时的对应惩罚措施。正式制度是显性规则，依赖于正式机制（国家或组织）对它们进行监督和实施（吉嘉伍，2007）；而非正式制度是社会群体成员的共同协定，是在社会群体长期共同生活的基础上衍生而来。由于非正式制度是建立在社会群体共同协定的基础之上，这些协定是通过群体成员的互动而得以创建和维系（马奇、舒尔茨、周雪光，2005）。总体上看，大部分的制度学派学者认为，非正式制度与正式制度最主要的区别在于有无界限明确的组织来制定和监督规范的实施。非正式制度一般是经过人们长期的互动、选择演化而来的，当人们违反制度时，并无专门的组织给予明确的量化惩罚，成员遵守制度是出于自愿，而非被迫行为（柯武刚、史漫飞，2000；诺斯，2002）。

本书正是在制度学派的理论（制度理论）和分析视角（制度分析）的启发下，试图从制度的视角去分析一个个案村庄的公共物品供给情况。但本书并不直接套用某个制度学派的理论预设进行实证研究，只是对"制度如何影响个体行动"这样一个命题感兴趣。同时，诺斯关于正式制度与非正式制度的划分，对本书的研究具有更大的启发意义。在一个个案村庄内部，考察个体在公共物品供给中的行为表现，我们更侧重于关注村庄中非正式制度环境对个体行动的影响。这是因为，事实上，在正式制度产生之前，社会主要是靠非正式制度来规范和协调人们之间的关系和交往，即便在正式制度已经大大复杂化和完善化的今天，非正式制度仍然是整个制度结构中的大多数，仍然发挥着主要的规范和调节功能（王跃生，1997：44）。正如诺斯所说的，尽管"社会经济运行是靠正式制度的安排，然而，即便在最发达的社会经济中，正式制度也只是规制人们日常生活行为的一小部分"（诺斯，1990：49）。在前文中，我们梳理的制度学派所论述"制度如何影响个体行动"中，同样可以很明晰地找到学者对"非正式制度如何影响个体行动"问题的论述痕迹。在旧制度学派中，凡勃伦和康芒斯对这个主题的论述，都倾向于强调非正式制度的作用。在凡勃伦看来，制度实质上是个人或社会对有关的某些关系或某些作用的一种思维习惯（凡勃伦，1899：139），是人们所共有的现存的思维习惯（Veblen，1919：239），它包括惯例、习俗、行为规范、权利和财产的原则（Veblen，1914：49）。凡勃伦一再强调的在惯例和习俗等基础上形成的思维习惯，便可理解成诺斯所界定的非正式制度。康芒斯也一再坚持作为非正式制度的习俗在塑造个体行动中所起的作用，"习俗的固有威力是其预期的安全性，群体中重复的行为会导致每个个体形成有关未来的稳定预期，在一定程度上，这也必然使个体服从大多数人的行为方式"（Commons，1924：301）。而在新制度学派的制度分析中，对"制度如何影响个体行动"的两种解释路径——算计路径和文化路径，同样强调非正式制度对个体行动的深刻影响。特别是文化路径的解释中，个体被认为是深深嵌入制度世界之中的，而由符号、规则和惯例等所构成的制度又为个体对行动情景和自身的解释起到了过滤作用。制度不仅为个体提供各种信息，而且还影响着个体的身份认同和偏好。个体的行动是通过制度过滤之后才被建构出来的（Hall、Taylor，1996）。根据诺斯的定义，这其中的制度更多地可以理解为非正式制度。

我们在个案村庄中也将看到，对村庄个体的日常生活和行动起到主要规制约束作用的，并非法律法规等正式制度，而是充斥整个村庄社会生活中、人们所共享的风俗习惯、传统道德、价值观念甚至信仰等非正式制度。特别是在具体的村庄公共物品供给项目中，自愿的集资形式本身是缺乏正式制度安排的，对村庄个体行动的影响和制约作用极为有限。这其中，村庄社会中人们长期以来所共享的风俗习惯、传统道德、价值观念以及信仰等非正式制度对人们在公共物品供给中的行动表现的影响就凸显出来。在非正式制度的分析视角下，本书将具体考察以下几个问题：第一，考察个案中村庄存在的非正式制度及其表现形式；第二，这些非正式制度对村庄个体行动的影响，特别是考察非正式制度如何影响个体在公共物品供给中的行动表现；第三，村庄中的非正式制度通过影响个体在公共物品供给中的行动表现，最终对村庄中的公共物品供给产生了哪些影响？

2.4 本章小结

本书试图采用非正式制度（informal institution）的分析视角，考察一个个案村庄的公共物品供给状况。而非正式制度的理论来源和制度分析方法的传统来自制度学派（institutional school）。制度学派理论的演进和发展源远流长，最早可以追溯到 19 世纪末 20 世纪初的美国。这个阶段，美国正值工业化迅速发展、社会制度急剧变迁的时期，以凡勃伦、康芒斯等学者为代表的制度学派应运而生。制度学派以研究"制度"、"制度变迁"和分析"制度因素"在社会经济发展中的作用为标榜，并因此而得名。从制度学派创立之始演进至 20 世纪三四十年代的制度学派又被称为"早期制度学派"或"旧制度学派"。从 20 世纪 50 年代开始，在旧制度学派理论的基础上进一步延伸发展的制度理论被称为新制度学派（neo-institutional school）。新制度学派继承了旧制度学派以制度分析和结构分析为主要内容，但同时又根据现实的社会经济条件等背景，更加注重分析现实的具体问题。20 世纪六七十年代之后，新制度学派有了更大的发展。经济学、政治学、社会学等不同学科都在重新发现制度的背景下集中关注制度因素。由此，新制度学派又发展出"历史制度学派"、"理性选择制度学派"以及"社会学制度学派"三大类别。

虽然新、旧制度学派的理论都比较零散，均无一套完整统一的理论体系，且各学派成员的理论各成体系，但所有制度学派学者所关注的核心问题是一致的，即强调"制度因素"、"制度变迁"和"制度分析"。

关注制度因素的最终目的在于回答"制度如何影响个体行动，并借此影响结果"的问题。大部分的制度学者沿着这个路径分析时，虽然没有明确区分正式与非正式的制度，但在对制度的界定和论述中都无一例外地包含了正式制度（正式的法律法规、社会或经济契约等）与非正式制度（习俗、惯例、道德观念、信仰或意识形态等）的内容，甚至有许多制度学者（凡勃伦、康芒斯、采取文化路径解释的制度学者等）同样强调非正式制度对个体行动的影响。首先对正式与非正式制度作出明确区分的是新制度学派学者道格拉斯·诺斯（Douglass C. North），并对非正式制度理论作了详细的论述。诺斯的非正式制度理论对本研究具有很大的启发意义。诺斯认为，正式制度对于人们日常生活安排的影响是极为有限的，真正对人们日常生活和行为起到主要影响作用的是非正式制度（诺斯，1990：49）。因此，本书在借鉴制度学派的制度理论与制度分析方法的基础上，将运用非正式制度的分析视角对一个个案村庄的公共物品供给情况进行实证研究。我们将更加侧重考察村庄中自发生长的非正式制度；我们试图了解村庄的非正式制度对村庄个体行动有何影响；特别是考察其对个体在村庄公共物品供给中的行动表现的影响，并由此影响着村庄公共物品的供给情况。

第三章　单姓宗族村庄

考察个案村庄中公共物品的供给情况，我们首先要对个案村庄的基本概况有一个全面的认识和了解。本章将先简单介绍个案村庄 T 村的基本概况：如地域特征、人口结构、经济发展水平以及村庄历史由来等。从村庄概况中，我们知道 T 村最突出的特点是它是一个历史源远流长的单姓（温氏）宗族村庄。并且由于地处山区，交通闭塞，数百年来，T 村一直较为完整地保留了丰富的、与温氏宗族相关的传统活动。那么，数百年来，个案村庄中与宗族相关的公共事务和传统活动主要是通过何种方式进行组织和开展的？因此本章还要具体探讨个案村庄中的宗族结构和宗族的组织形式等问题。

3.1　村庄基本概况

T 村地处福建省福州市永泰县西南部的梧桐镇，与莆田市的仙游县接壤，是梧桐镇所辖 21 个行政村之一。村庄村民日常交流用的语言（方言）是兴化话，与永泰县大部分地区的方言——福州话相去甚远。村庄距离集镇大约 2 公里，距离永泰县城大约 32 公里。村庄地势以丘陵为主，土地总面积 17103 亩（1 亩 =667 平方米），现有耕地面积 878 亩，山地面积 14860 亩、林地 9710 亩，果园面积 1667 亩。① 行政村由 8 个自然村组成，划分成 18 个村民小组。村庄现有农户 708 户，总人口 2486 人，其中外出打工、做生意等的大约 1000 人左右。2010 年，村民年人均收入大约 5000 元。村庄生产以农业为主，粮食作物以水稻为主，兼种甘薯、大豆和玉米等。除粮

---

① 数据来源于 T 村所属乡政府内部资料。土地总面积是 T 村的面积，但由于有很大一部分的山地面积属于"插花地"，所以后面几项的面积总和大于土地总面积。

食作物外，村庄也富产李果、青梅、柑橘、香蕉和茶籽油等农副产品。

T村属于较为典型和传统的中国南方农村。改革开放前后，村庄面貌并无发生质的改变，始终以农业生产为主，并无任何村办企业或私营企业，经济发展缓慢。一方面，在粮食作物上，村庄耕田面积不够集中，其中多为山田，难以集中规模化生产，也无法充分利用现代生产工具进行机械化生产，村庄农民始终保持传统精耕细作的务农方式，所产作物大约只够每家每户的自给自足。另一方面，虽然村庄富产各色蔬菜、水果等农副产品，但由于交通不便，难以招商引资对农副产品进行加工外销。由于该村庄的丘陵地形，山路崎岖，交通不便，阻滞了村庄与外界必要的经济和社会联系。村庄中少有外来人口，到 20 世纪 90 年代初，村庄中才陆陆续续有人外出打工或者做生意。随着外出打工或者做生意的人口逐年增加，如今留在村里的人口多为中老年人和留守儿童。村庄务农的人口也急剧下降。据现任村主任的介绍，2010 年 T 村到集镇农机站购买种粮的农户已不足 100 户，真正种植水稻粮食作物的农民也不到 200 人了（资料来源于 2010 年 8 月 T 村村主任访谈）。

3.2 单姓宗族村庄

现今拥有 700 多户农户的 T 村只有两个姓氏：温姓和陈姓。其中温姓农户 703 户，而陈姓农户只有 5 户。事实上，T 村最早是温氏族人的聚居地，是由温氏人所开发和建立的。T 村所有的温姓村民都是从仙游县石仓镇高阳陆续迁徙而来，在此形成了温氏单姓村。最早的一户陈姓是中华人民共和国成立前从仙游县迁徙而来，在当地做生意后就留在了 T 村，并繁衍发展成目前的 5 户陈姓。如今，迁徙来 T 村的陈姓人至少已经繁衍至第八代了，他们的家族不断壮大，但其中大部分的子女都与当地的温姓村民联姻；最初为了便利家族生意，加之经过几代人的磨合，陈姓人的生活方式和民约习俗都已与温氏人无异，为数不多的几户陈姓人早已融入温氏家族中了。可以说，现在的 T 村已经是温陈不分。所以，基本上可以将 T 村视为温氏村庄，所有与宗族相关的组织和活动都是围绕温氏宗族而展开。

想要进一步了解 T 村温氏的宗族组织及活动，我们需要追溯高阳温氏家族的历史。据高阳温氏族谱记载，高阳温氏世系可溯源至唐代，为唐代宰相温彦博后裔，高阳开族始祖温子玉（1090—1188）本是江西赣州赣县崆峒山山麓、地名龙角井人氏。宋哲宗时，因当时世乱，温子玉与其弟温知柔相议，背井离乡，离祖赴闽，定居在高阳船厝寨。温子玉是北宋时期著名的地师，他与弟弟一起离开江西来到福建，并非随性择地而居，而是经过多番勘察，终在仙游县高阳山和永福二十八都双溪口龙井处（现梧桐双溪口、T村境内）择得两处吉地。于是他们举家迁徙定居高阳，将高阳选定为修建"温氏宗祠"的吉地；而将双溪口龙井处视为开族福地，在此修建祖茔，即现今高阳温氏之"太祖墓"。高阳温氏族谱记载道：

> 唐末君臣庸，王仙芝黄巢起兵山东，天下大乱，中原土族，纷纷避乱南来，我温氏南迁至江西赣州定居，历时既久，遂为崆峒大族。北宋哲宗元祐绍圣间，我高阳始祖子玉公以善堪与寻龙择地数度来闽，于永福梧桐双溪口，溪边大坪后寻得一福地，此地左有金钟，右有鱼鼓，玉带环腰，赤荷耀目，虎豹狮象，拱立于前，而后山山脉自德化石壶起伏绵亘数百里计"九十九朝"真开族大地也。公发现后乃回乡，载其高曾祖考及四代族妣金斗安厝于此，即今之"太祖墓"也。安葬之后，公又回乡携夫人宋氏来闽，定居于仙游高阳山船厝寨，并另指定一处，为后代建祠之所，迄今历五朝，计年九百余载矣。

族谱又记：

> 子玉公于高阳定居后，子孙相继，其中曾经十三代单丁，至明中叶，玉明公生四子，四子又生十七孙，嗣后人丁兴旺，乃分居仙永之交周围十余里山区。至清雍正时乃就公早年指定之处，建立祠堂，名之曰忠武祠。岁月如流，于今又二百余载矣。
>
> 我温氏自子玉公定居高阳以后，历经南宋、元、明初三朝代，该处生存与延续后嗣的艰难岁月之中，直至明末方繁衍发达，至雍正初年，已达鼎盛。第二十世，文代才兴修祠堂。

由族谱的资料可知，宋朝时期，高阳温氏始祖温子玉因避乱而携家眷从江西迁徙至福建，定居于仙游高阳山上，并在此地开枝散叶，一直繁衍至今。在宋朝温氏始祖迁徙至此之初，所有温氏族人都聚居于仙游高阳山上，T村并未被开发，只有温氏祖茔"太祖墓"位于T村境内。经过数朝数代的艰难繁衍，温氏后嗣人丁才渐兴旺，逐渐分居于今仙游和永泰两县交界周围的十余里山区。由于山脉阻隔，交通不便，温氏族人在这片山区形成了十余个大小不等的自然村落。后来历代的搬迁基本是以自然村落为单位，搬迁的方向是从高阳山上向山脚下迁移。到目前为止，大部分高阳温氏族人是从高阳山上搬迁至T村，形成了T村现有的8个自然村；只有少部分的温氏人散落于仙游县的两个自然村落。造成这一分布情况的原因可能有以下几点：首先，温氏族人一直保留了每年冬至祭扫"太祖墓"的传统，而高阳温氏"太祖墓"正位于T村境内，为了便于每年祭祖，温氏后嗣逐渐迁居至此；其次，温氏后嗣坚信其始祖精心为他们勘择的风水宝地，聚居于此、守护这片福地将更加壮大温氏族人；最后，也是最重要的一点是，相对于海拔高、地势险峻的高阳山区，T村地处山脚，不仅靠近水源，易于开垦荒田，而且交通便利，易于沟通联系外界。T村地处山脚，除了数座山丘环抱，还有两条溪流贯穿其间，可谓青山绿水，自然环境资源绝佳。随着温氏族人的壮大，高阳山上贫瘠稀有的田地逐渐满足不了日渐增多的人口。早在一些自然村落还在山上、未搬迁至T村时，村民已常常下山来到T村开荒种粮。在中华人民共和国成立后，"土改"期间，山上的许多村民分到了山脚、位于T村境内的田地，于是在这一时期山上的村民、村落开始大规模向T村搬迁和定居。这就是T村所有8个温姓自然村落的由来。不过，这8个自然村落的形成方式，除了自然山脉的阻隔之外，重要的是受到人类学家所谓的"亲属的社会距离"的影响（Sahlins，1972：189—204）。所谓"亲属的社会距离"是一种基于政治忠诚和经济互惠的原则之上的亲属间的分化纽带（景军，2004）。如前所述，T村的8个自然村并非随意地划分，据温氏族谱记载："子玉公于高阳定居后，子孙相继，其中曾经十三代单丁，至明中叶，玉明公生四子，四子又生十七孙，嗣后人丁兴旺，乃分居仙永之交周围十余里山区（高阳温氏族谱，1997）。"由于山区田地稀少，高阳温氏人丁扩展后，必然分而居之，逐田而居。如此，高阳温氏逐渐被划分成8个不同的居住区域，拥有相互独立的果园、农田等。即便在中华人民共和国成立前后，所有的高阳温氏族人逐渐由高阳山上迁徙至山脚下，聚居于现 T 村境内，从地理位置上看，原有分隔的 8 个区域现在彼此间相距较近，但大部分村民仍然保有原来的村落认同。于是在后来 T 村的行政划分上，8 个区域就自然分成了 8 个生产队，保持原有的亲属及地域界线。

关于高阳温氏开族始祖择地迁徙的历史，有许多带有浓厚神奇色彩的传说故事在 T 村祖祖辈辈中流传甚广。这里主要介绍两则关于温氏太祖温子玉的故事。

故事一：寻宝地定祖茔

高阳温氏始祖温子玉是一名著名的地师，宋朝时与另外两兄弟在朝廷为官，由于"犯了事"，逃离朝廷南迁至江西、福建等地。子玉的两兄弟在江西赣州和福建三明等地开枝散叶，地师温子玉寻遍江南山河，最终在过溪寻得一风水宝地——龙头山（今梧桐镇 T 村境内的过溪山头），于是将祖坟从江西迁至过溪，此乃高阳温氏太祖墓之由来。子玉祖公举家迁至高阳安居，在此地开枝散叶，此乃高阳温氏之由来。之所以寻得过溪这一块宝地，传说子玉祖公看中了此地乃九十九座连坐山脉（由宁德延伸至此），如果再找到第一百座相连的山脉，就会在温氏子嗣中出一太子。于是他便在双溪口处堆砌起一个小山包，此山相当于百座相连山脉的第一百座。他坚信此乃福地，如果在这第一百座山头修建温氏家族的祖茔，便可以在温氏后人中出一名真命太子。选定此地，温子玉连夜赶回江西，将老家祖茔迁徙至此。这正是高阳温氏太祖墓的由来，至今仍是高阳温氏祭祖之地。定好祖茔后，温子玉携一家老小定居于祖茔附近的高阳山上，因为此地风景秀丽、视野开阔，更重要的是远观整个山脉地形，犹如凤形，正是日后修建温氏祠堂的福地。后来果真将高阳太祖祠堂修建于此，亦为凤形，即象征和寄托着温子玉太祖期待子嗣入仕为官的遗愿，同时也是整个高阳温氏族人的美好愿望。（资料来源于 2011 年 4 月　T 村村民访谈）

故事二：山龙转，太子回

传说一日，温子玉祖公正在邻村喝酒，饮罢，酒杯底竟渗出红红的鲜血，他马上领会是妻子要临产了，于是急忙赶回家。未赶回家中，妻子已诞下三子：一个红脸、一个黑脸、一个白脸。三个孩子竟然一落地就会开口说话，还相互厮杀起来，母亲因过度惊吓，在温子玉回家之前，竟将三个孩子掐死。回到家中，子玉连忙念咒作法，口中念念有词：山龙转，太子回。并命妻子随他一起念咒，结果其妻回道：早死回，短命回，早已死翘翘了还怎么回。就这样破了咒，于是三个孩子都没有起死回生。传说这三个孩子中，白脸的那位是太子，而红脸和黑脸的则是太子身边的两大随从护将。T村村民在叙说这个故事时，至今仍然遗憾惋惜："高阳温氏唯一出太子的机会就这样被破了。"（资料来源于 2011 年 4 月 T 村村民访谈）

虽然在 T 村许多类似的故事传说都带有浓厚的神奇色彩，其中包含的许多信息真假难辨，但 T 村大部分的温氏族人对这些传说故事都极为迷信，将这些传说故事当成 T 村历史的源头。不可否认的是，这些传说故事确是 T 村温氏族人共同的集体记忆的组成部分之一。不仅这些故事本身是作为 T 村历史中的一种历史存在，更重要的是这些故事在 T 村祖祖辈辈流传的过程，即由老一辈温氏族人向年轻一辈的子子孙孙叙说这些故事的过程，亦构成了 T 村历史长河中的一个不可或缺的部分。而在高阳温氏太祖温子玉身上，带有明显的神奇色彩，最主要反映的是 T 村温氏族人强烈的祖先崇拜特征。这使得 T 村温氏族人历代严守祖祖辈辈口传的、非正式的一些族规祖训成为一种可能。在 2011 年 4 月的访谈中，有一位被访者（T 村村民温氏）曾主动提及"为何 T 村温氏族人历代勤勉俭朴、诚恳踏实"的问题。他随即谈道：

> 太祖温子玉曾预言过，由于地域风水的原因，位于高阳对面的某村村民是"坐吃"，而我们高阳温氏村民是"做吃"。大意即是那个村庄所处的地域风水好，村民偷懒不用劳作也可以升官发财；而我们高阳温氏所处的地域风水要求我们的族人必须踏实勤奋，努力劳作才能确保衣食无忧。于是温子玉订立了温氏族人必须历代保持勤勉俭朴、诚恳踏实作风的祖训。

传奇的风水大师、高阳温氏太祖温子玉所订立的祖训，不仅对历代高阳温氏族人起到一种心理暗示作用，还被现今 T 村温氏族人有意识地严格遵守着，形成了 T 村勤勉、淳朴和踏实的民风。

3.3 村庄宗族的组织形式和权力结构

莫里斯·弗里德曼在研究了中国东南地区的宗族情况后指出："几乎在中国的每一个地方，几个紧密相连的村落构成乡村社会的基本单位。氏族通常只是村落的一个部分。但是在福建和广东两省，宗族和村落明显地重叠在一起，以致许多村落只有单个宗族。"（弗里德曼，2000：1）T 村正是弗里德曼所说的"宗族与村落"相重叠的单姓宗族村庄。虽然由于地域的原因，T 村被划分成 8 个自然村，但所有自然村都是高阳温氏的后嗣。既然是长期以来一直处于自治状态的单个宗族村庄，那么很可能在村庄内部形成宗族特有的、以辈分和年龄划分的权力结构，甚至可能形成正式的宗族组织，管辖着村庄内部所有的宗族活动和事务。正如弗里德曼在讨论宗族内部的权力分配时所指出的那样："在辈分与年龄的地位基础之上的宗族领导原则似乎是共同的。"（弗里德曼，2000：85）但是，令人疑惑的是，除了在 1997 年，为了新修温氏族谱和翻修温氏祖祠而临时成立了一个温氏宗祠理事会之外，村庄一直未曾有过任何正式的宗族组织。换句话说，在 T 村整个温氏宗族内部似乎不存在一套固定的权力结构。

按照学者林耀华的观点，宗族内部的权力结构一般存在于两种最基本的宗族组织形式之中：一是宗族中以辈分和年龄划分而成的权力结构即"族房制"；二是正式的宗族组织主要是指"祠堂会"（或称为宗族理事会）。在族房制中，"族内分房，房长的产生并非由于选举或委任，乃是时代递嬗自然演成的结果，那就是说，房内的男性子孙，谁的代数（辈分）最高，而且年龄最长者，那就是房内当然的房长。房长先计代数，后计年龄；族内所有房长中，必有一人其代数和年龄冠于齐辈者，这人就是本族族长"（林耀华，2000）。在正式的宗族组织"祠堂会"形成之前，宗族事务主要通过族房制进行治理。"然有了祠堂之后，正式条例成立，组织比较固定，于是族人的目标和眼光向着祠堂集中。"（林耀华，2000）林耀华谈道："祠堂的建立，原是为祭祀，崇拜祖先，感恩报本。然时过境迁，祠堂的功用不复限于宗教方面，其他功能也渐渐附着产生。祠堂化作族人交际的场合，变为族老政治的舞台，公众意见由此产生，乡规族训由此养成，族人无不以祠堂内的教义信条奉为圭臬。简言之，祠堂是宗族中宗教的、社会的、政治的、经济的中心，也就是整族整乡的'集合表象'（林耀华，2000：28）。"有了祠堂之后，成文的庙规成立，族房长也就组织化了，所以就有了祠堂会的产生，族房长是祠堂会当然的会员。祠堂又分宗祠和支祠，支祠本着宗祠组织而缩小范围，宗祠以族长为首，支祠以房长为首。祠堂祖产由族房长等管理，大部分用于祭祀，所余充为公用。总的来说，祠堂会的职责或功能可归纳为四项，那就是宗祠祭祀、迎神赛会、族政设施和族外交涉（林耀华，2000：30—31）。

"族房制"与"祠堂会"是一般宗族中最为常见的两种基本组织形式，并由此形成宗族最基本的权力结构，对宗族内部各项活动与事务进行治理。在不同的村庄，宗族的组织形式还可能扩展到"庙宇"及各种"结社"（即各种自由的社会团体），但其组织形式和权力结构仍是基于"族房制"和"祠堂会"（林耀华，2000）。[1] 但是经过仔细的考察（高阳温氏祖祠的实地考察、查阅 T 村高阳温氏族谱和对 T 村温氏村民进行访谈），我们发现 T 村温氏迁徙高阳至今，历经数百年，却不曾存在过宗族最基本的、以辈分和年龄划分权力而成的组织形式——族房制；而在 1997 年之前，也不曾有过任何正式的宗族组织——祠堂会。

　　　　高阳温氏向来只有因居住区域不同而形成的不同村落之说，并无明确的房门之说，所以也从来不存在房长的说法。但是在 1997 年成立温氏理事会后，大家倒是公认大洋村的温明理为族长，因为他的辈分最高。不过族长也只不过是虚名，并无任何实权，他也从来不插手任何宗族相关的事务。你知道这几百年来，我们各个村（指 T 村的 8 个自然村）内部各项宗族活动和公共事务都是村落内部自理的，一直条理有序，不需要专门的人来管。族长和房长根本

----

　　① 根据林耀华在其著作《义序的宗族研究》中的论述，庙宇比祠堂进一步，祠堂所崇拜的是本族祖先，而庙宇敬神，乃是祖宗崇拜的伸展。庙宇的崇拜仪式为有组织的，其组织法则以祠堂会为依据。而结社是由个人为单位的，自由合成一个团体，其组织法则可能超出祠堂会（林耀华，2000）。

没有存在的必要（资料来源于 2011 年 11 月 T 村现任村主任温氏的访谈）。

根据林耀华的观点，祠堂会是建立在成熟的族房制基础之上的，祠堂会不过是将族房制正规化和组织化。从以上访谈资料中，我们可以知道 T 村高阳温氏不曾有过成熟的族房制，那么，我们也可以很好地理解为什么在 1997 年之前，高阳温氏宗族中不曾有过正式的宗族组织"祠堂会"了。祠堂会的产生一定要先有祠堂，但没有祠堂会却不代表宗族中不存在祠堂。我们从高阳温氏族谱中知道，高阳温氏祖祠修建于清朝雍正时期。据族谱记载：

> 子玉公于高阳定居后，子孙相继，其中曾经十三代单丁，至明中叶，玉明公生四子，四子又生十七孙，嗣后人丁兴旺，乃分居仙永之交周围十余里山区。至清雍正时乃就公早年指定之处，建立祠堂，名之曰忠武祠。岁月如流，于今又二百余载矣。
>
> 我温氏自子玉公定居高阳以后，历经南宋、元、明初三朝代，该处生存与延续后嗣的艰难岁月之中，直至明末方繁衍发达，至雍正初年，已达鼎盛。第二十世，文代才兴修祠堂。

林耀华曾经对祠堂的职责或功能做过归纳：即宗祠祭祀、迎神赛会、族政设施和族外交涉四项功能（林耀华，2000），但是考察 T 村高阳温氏的祠堂，我们发现温氏祖祠的功能仅仅停留在宗祠祭祀上，主要发挥纪念、祭祀和崇拜祖先的功效。

> 祖祠的墙壁上不存在任何成文的族规祖训。我们也没有固定去祖祠开会的习惯，有什么需要商议的事，我们几个村落的负责人约个时间聚在一起讨论就好。祖祠并没有专门的人员管理，从古至今，我们只有在每年冬至那天，由一个村落负责去祭祀祖祠和太祖墓，这个事务是由 8 个村落轮流负责的，每年一个村落负责去就好了。平日里，不会有人去祖祠的。特别是祖祠在高阳山上，我们现在都搬到山下了，回去一趟长途跋涉的，很不容易。每年有人祭祀就好了（资料来源于 2011 年 11 月 T 村现任村主任温氏的访谈）。

从以上资料中，我们得出在 T 村的温氏宗族中，并不存在一般常见的族房制或祠堂会的宗族组织形式。而一定的组织形式，一套固定的权力结构将因没有相应的载体而难以成形。如果没有相对固定的、基于族房制或祠堂制的权力结构，那么，数百年来 T 村温氏宗族事务的治理如何成为可能？经过考察，我们发现，事实上在 T 村的高阳温氏宗族中，最重要的组织形式即是基于高阳温氏历史上由于地理区域的分隔而自然形成的各个村落，即现在 T 村内的 8 个自然村落。

从调研所得的数据来看，T 村是个带有很强宗族性质的村庄，宗族活动在村民的日常生活中占据重要地位。根据问卷调查的数据（数据来源于 2011 年 7—8 月 T 村问卷调查）显示，村庄中分别有 94.5% 和 93.6% 的家庭信奉温氏祖先和由高阳温氏祖先所创的地方神——田公元帅，除了个别信奉基督教的家庭，几乎家家户户都在逢年过节的时候祭拜祖先和田公元帅。一年当中有三个节庆对于 T 村村民尤为重要：四月初十田公元帅生辰、冬至祭祀温氏祖祠、"太祖墓"和元宵佳节祭拜圣母。在这三个节庆中，T 村将以 8 个自然村为单位分别举办一系列全村性的庆典、仪式和祭祀活动。每一年这些宗族活动都在 T 村有序开展。村里的老人说："这些宗族活动是由高阳温氏祖上代代相传，至今已有几百年历史，除了'破四旧'时期中断了一阵子，而后在 20 世纪 80 年代又得以全面恢复。"（2010 年 8 月访谈资料）几百年来，T 村一直完整地延续了所有传统的宗族活动。虽然 T 村宗族内部不存在一般意义上正式的宗族组织（族房制或祠堂会）及其权力结构，但是村庄中与宗族相关的公共活动和事务却丝毫不受影响。

那么，在这 8 个自然村落中，村民是如何被有效组织起来的、其权力结构如何以及权力如何运行？我们是否可以将所有问题诉诸制度因素？这些疑惑，我们将在后面的章节中进一步地探讨和研究。

3.4　本章小结

本章简单介绍了个案村庄 T 村的基本概况：如地域特征、人口结构、经济发展水平以及村庄历史由来等。从村庄概况中，我们知道 T 村最突出的特点是它是一个历史源远流长的单姓（温氏）宗族村庄。并且由于地处山区，交通闭塞，数百年来 T 村一直较为完整地保留了丰富的、与温氏宗族相关的传统活动。对各项纷繁复杂的宗族活动和事务的治理，必然要求宗族内部具备相对固定的组织形式，并在此基础上形成一定的权力结构（弗里德曼，2002）。根据林耀华的观点，一般常见的宗族组织形式主要有两种：族房制和祠堂会，宗族内部的权力结构也是基于这两种基本的组织形式而形成。在许多宗族内部，其组织形式除了族房制和祠堂会外，还可能扩展到庙宇、结社，甚至延伸到一定的政治组织中（如林耀华在《义序的宗族研究》中所论述的"联甲"①），但其余的这些组织及其权力结构很大一部分是基于宗族的族房制或祠堂会（参见林耀华，2000）。由此，我们可以认为，"族房制"和"祠堂会"是一般宗族内部最基本，也是最重要的组织形式。其宗族内部的权力结构基于族房制与祠堂会之上，并通过这两个组织对相关的宗族公共事务进行治理。

然而，我们在 T 村的实证调查中发现，有着数百年历史的单姓宗族村庄 T 村并不存在最基本的宗族组织：族房制或祠堂会。T 村温氏族人的房门界限早已淡化模糊，不存在房长的说法；虽然在清朝雍正年间修建了温氏祖祠，但并没有发展起祠堂会的组织。然而，数百年来，T 村保留了各项丰富的与温氏宗族相关的传统活动。一直以来，这些传统活动和宗族事务在 T 村得以有序开展和有效治理。经过考察，我们初步认定 T 村温氏宗族最重要的组织形式，即是在高阳温氏宗族历史上自然形成的、以清晰的区域界限划分而得的 8 大自然村落。其中具体的组织形式、权力结构及其权力的运行方式，我们将在后面的章节中具体展开，进行详细的阐述，并将进一步考察可能的制度因素对这些组织形式和权力运行方式的影响。

值得进一步关注的是，T 村显然是一个祖先崇拜盛行的村落，并由祖先崇拜衍生出一系列的民间信仰。在后文中，我们将进一步看到，T 村村民对各种地方神的虔诚信仰带来了丰富的公共活动与仪式。细心的读者或许会发现，T 村的祖先崇拜是具体化的，集中于祖祖辈辈的村民对高阳温氏始祖温子玉的崇拜。或者换句话说，一定程度上，温子玉代

---

① 林耀华在《义序的宗族研究》中认为：联甲乃是自卫的组织，与保甲相似，其来源甚久。然因时因地的不同，组织亦不一致。清末世乱，福州市附近乡镇，常有绑匪祸患，特别冬末吃紧之时，匪队劫夺，谓之"抢年"，因此就有联甲的组织。祠堂会员是联甲主要的中心人物，联甲是政治组织，其职务是防御保卫（林耀华，2000）。

表了高阳温氏的所有祖先。在与村庄的起源、历史发展密切相关的故事和传说中，大部分的故事主角是温子玉，而且这些故事带有浓厚的神奇色彩。从村民诉说的远古故事中，我们得知，不仅由温子玉修建的凤形祠堂一直延续为高阳温氏的公共祖祠、由温子玉迁徙而来的祖茔成为高阳温氏代代祭祀的"太祖墓"，而且许多传说中由温子玉订立的非正式规范，也成为 T 村历代留传遵守的祖训。在 T 村的历史中，始祖温子玉无疑是重要的。但时过境迁，这位祖先仅仅只是村民诉说的故事主角，还是他对现时村民生活的影响已超乎我们的想象？或许，他作为村庄历史的一部分，早已嵌入人们的生活、记忆与行为习惯之中？

第四章　T村的公共生活及其
非正式制度

从前面的概况中，我们知道 T 村最突出的特点是：它是一个历史源远流长的单姓（温氏）宗族村庄。并且由于地处山区，交通闭塞，数百年来 T 村一直较为完整地保留了丰富的、与温氏宗族相关的传统活动。这些传统习俗与活动不仅是 T 村村民日常生活中不可或缺的一部分，更是 T 村村民公共生活的主要组成部分。换句话说，数百年来，T 村村民以集体活动的形式所展现的公共生活，大部分是围绕着与温氏宗族相关的一系列传统习俗和活动而展开。然而，第三章的结尾部分留给我们的疑惑是：有着数百年历史的单姓宗族村庄 T 村并不存在最基本的宗族组织：族房制或祠堂会。然而，数百年来，T 村保留了各项丰富的与温氏宗族相关的传统活动。一直以来，这些传统活动和宗族事务在 T 村得以有序开展和有效治理。因此，我们将在这章中进一步探讨，在这些背景之下，各项丰富的、与宗族相关的公共事务/公共生活是如何在 T 村得以有序开展，以及在这些传统习俗和活动中所蕴含的各种形式的非正式制度。

4.1　村庄公共生活：传统习俗与活动

由于 T 村明显的单姓宗族特征，村庄所有的社会组织与活动基本上都是围绕温氏宗族而展开的。从迁居高阳至今，历经数个朝代，已近千年的时间，温氏族人一直保留了每年例行的几次传统习俗与活动。

4.1.1　农历四月初十
田公元帅是高阳温氏祖上所创的一位神明。据村民称：

　　田公元帅与温氏族人主要信奉的另外两位神明——打猎师和灶神——同是天上玉帝的三个儿子。由于不同的个性偏好被玉帝分封为不同的神明。打猎师酷爱打猎，被封为打猎师，主要为猎人所供奉；灶神好食与色，被封为灶神，每日将由灶前的美食和妇人相伴；田公元帅沉默、勤奋、踏实，被封为田公元帅，守护农人的田园，护佑每年风调雨顺和农民的大丰收（资料来源于2011年4月T村温氏访谈）。

颇有意思的是，被访者惟妙惟肖地模仿与重现故事情节。他描述道：

　　传说打猎师、灶神和田公元帅同是天上玉帝的三个太子。一个从小就酷爱打猎，老是拿把枪到处比划，玉帝见此景，就对他说"你这么爱舞刀弄枪的，就去学打猎吧，派你去守护那些打猎的人们"。第二个好美色，尤怜妇人，玉帝对他说"你这么怜爱妇人，就派你去守护万家户吧"。二儿子一听大喜，能管着万家户多威风啊。结果被派去当灶神，每当家家户户妇女起灶做饭，他都得去，结果万家都只归他一人负责，忙不过来，是其中最累的一个。第三个儿子非常老实，喜静，总是待在家里，而且喜欢做事，吃苦耐劳。玉帝就说"那你就当田公元帅吧，保护所有农民风调雨顺，年年大丰收"（资料来源于2011年4月　T村温氏访谈）。

在描述上述故事时，被访者惟妙惟肖地模仿、讲述故事，关于打猎师的故事平淡，没有过多色彩；但他用带有喜感的腔调诉说灶神的故事，用略带敬畏的态度对待田公元帅的故事。灶神有趣喜感的故事反衬着田公元帅的淳朴与忠厚老实。在聆听第三个故事的时候，我认为这似乎不是田公元帅的故事，而是被访者在诉说着T村村民自己的故事。T村的民风淳朴，村民忠厚老实、吃苦耐劳又勤勤恳恳的品质与故事中对田公元帅的描写如出一辙。这也让我更加理解了田公元帅在T村村民心中的位置。三个供奉的地方神灵，唯有田公元帅有自己的宫殿（村民集中供奉田公元帅的地方，称"田公元帅宫殿"），也唯有田公元帅的生辰庆典举办得尤其隆重。

据说每年农历四月初十，是高阳温氏所信仰的田公元帅的生辰，村民简称"四月十"。在每年的农历四月初十前后数天，以自然村落为单位，所有温氏村落需要轮流举办一系列的祭拜、庆生典礼和社戏等为田公元帅庆祝生辰。以村落为单位的举办社戏或者放电影，村民说这是"做热闹给田公元帅看"，实际上也是全村落难得的一次集体娱乐和集体欢腾。

从第三章中，我们已经了解到，T村并无任何一个正式的宗族组织或机构承担着统一安排村庄中公共的宗族事务的责任。那么，"田公元帅生辰"这样一件隆重的宗族事务将如何在T村有序地开展？总的说来，T村并非只是统一地为田公元帅举办一次庆典活动，而是以8个自然村落为单位，轮流举办庆典活动以及相应的祭拜仪式。T村的8个自然村落，加之仙游县两个村落（均为高阳温氏后嗣），先后轮流将温氏族人信仰的田公元帅从温氏祖殿（田公元帅府）请出，稍简单出游后请到自己的村落，供奉在村落的公堂上。事实上，田公元帅生辰的确切日子是农历四月十二，不过出于祭拜的方便，每个村落先后各自轮流为田公元帅庆祝。大约从每年的农历四月初六开始到四月十六，所有村落才逐一完成各自对田公元帅生辰的庆典活动。每年的这个庆典活动不仅在每个自然村落之间按照时间顺序轮流举办，而且在每个自然村落内部也是实行"头家轮流制"。这里的"头家"是指每个自然村落内部、在这一年中负责该村落中每一项与宗族相关的公共事务的主要负责人，一般由四户村民组成。"头家轮流制"是指每年当"头家"的几户村民并不是固定不变的，而是由村落内部所有的村民农户之间轮流充当。每四户之间的结合比较随意，轮流的次序也较为随性，只是依照早年的习惯和传统，并无特别的讲究。这意味着村落中的每一户村民都有机会担任"头家"，负责村落一年之中与宗族相关的所有公共事务。具体来说，在"四月十"这个活动中，每个村庄每年会有四户"头家"负责整个庆生典礼及各项活动的安排。从向村民集资用于所有庆典和活动的开销，到安排村民当天一大早去其他村庄迎接田公元帅，再到组织村民供奉和祭拜田公元帅等一系列活动。每个村庄在这个节日向村民集资的数目不等，从几十元到上百元的都有。集资主要用于请戏班子来村庄举办社戏、公家供奉用的供品、香烛和鞭炮等。T村的8个自然村落都会独自将田公元帅请到自己的村落进行祭拜，不过并非每个村庄都会举办社戏。社戏的开销较大，一出戏的费用大约是 5000 元左右。所以，现如今，只有户数较多的村落才举办社戏。如此，这些村落在"四月十"需要向每户村民分别收取一百多元费用。不举办社戏的村落，每户村民只需出资 30 元左右。不过，据被访者称，每次集资并不是每家每户均收一样的费用：

> 当然可能会有一个底钱，大部分都要出这些底钱，超过的可以，但不能无故少于底钱。比如这次集资村里每家要出 50 元，但有的家里实在困难的，出不到 50 元，那就让那些在外经商的或者当干部的、家里经济条件好的多出一点，他们可能会自愿多出一两百元，这个叫捐献。
>
> 问：但是为什么他们愿意多出呢？
>
> 答：这个是这样的，人家在村里务农劳作的，经济情况不好，不如他们外出经商做生意或当官的，他们赚的钱多，就多出一些。他们自己也会向田公元帅祈求护佑，保佑他们外面的生意兴隆多赚钱，来年他们回来就多捐一些钱给田公元帅庆祝生辰。
>
> 问：这些活动之前有中断过吗？
>
> 答：有。毛泽东时代"破四旧"的时候就不让举办。这些都被当成迷信活动被禁止了。村民那会儿就都不敢开展这样的活动，全部都停了。后来大概是到了 20 世纪 80 年代，上面政策下来说允许办了，干部传达下来说可以办了，我们才又开始恢复。之前停办的时候，我们所有的神像都被烧毁了。80 年代恢复的时候，我们几个老人家一起商量着，向大家集资，重新再雕塑那些新的神像，就是现在我们供奉的这些（资料来源于 2011 年 4 月　T 村温氏访谈）。

"四月十"具体的流程大致如下：假设四月初十这天轮到 d 村落（T 村是行政村，d 村是 T 村中的一个小自然村）为田公元帅庆生，四月初九的庆生典礼刚在 g 村（T 村的另一个自然村）举办结束。d 村的四户"头家"会在初十之前向每户村民筹得一定款项，在初十当天的一大早，组织约 20 个村民敲锣打鼓地到 g 村迎接田公元帅诸神（除田公元帅外，还有狼牙将军和盘古大帝等诸神）回到 d 村。一部分村民负责扛抬神像，另一部分村民负责敲锣打鼓，还有一部分则负责举旗和燃放爆竹。在 d 村入口处，已有准备好供品和香烛鞭炮的村民沿路恭迎田公元帅入村。诸神被安放在村落公堂上后，每户村民将各色供品整齐地摆放在神像面前，并开始烧香、燃放爆竹，并祭拜田公元帅诸神。烧香拜神仪式一般从跪拜天地开始，然后再举香——跪拜田公元帅等诸神。在香烛燃尽之后，大约 45 分钟左右，村民开始收起供品回家。一般村民在这一天的祭拜仪式算是结束了，部分特别虔诚的村民会在晚饭后进行第二次的烧香、燃放爆竹的祭拜仪式。但不管怎样，四户"头家"要保证公共的香烛在这一天的 24 小时中始终是燃着的状态。如果没有社戏等活动，到第二天早晨，d 村的庆典活动就算结束了，这就意味着下一个村落的庆典活动即将开始。这天早晨，d 村的"头家"仍然需要安排一行人，敲锣打鼓地将田公元帅诸神送往下一个村落，直至这个村落的迎神队伍到来，完成交接仪式（具体的村落轮流次序参见附录 1 T 村地图中的图 2）。

社戏在每个自然村落举办的天数也不等，有举办一天的，也有举办三天的。这取决于每个村落的传统习惯和村民集资的多少。所有村落中，举办天数最多的是 d 村，三天。举办社戏的村落，需要"头家"事先联系好戏班子（一般到莆田联系戏班子，用莆仙方言唱的莆田戏，正是 T 村的方言，即便目不识丁的村民也听得懂）、搭建临时用的戏台和安排戏班子的饮食住所。其实，8 个自然村落相距并不太远。所以，常常一个村落举办社戏，不只是本村落的村民，其他相邻自然村落的村民也都会前来观看，好不热闹。演出的戏曲内容，一些是有名的历史故事，另一些是编纂的民间故事。不过，最有深意的是其中有一出关于田公元帅出世的故事。

T 村包括 8 个自然村落，代号分别为 w、z、tgl、t、y、d、b 和 g 村（具体参见附录 1 T 村地图中的图 2）。这 8 个自然村在各自举办"四月十"活动的轮流次序如下：

w 村→z 村→ t 村→ tgl 村 →y 村 →d 村 →g 村→ b 村

这样的轮流次序是祖上留传下来的传统惯例，没有特殊情况，一般不会变动次序。这样的安排主要是出于路线上的便利考虑，依次的都是邻近的村落，便于送神与接神。每年的元宵节也是这样，在各个自然村轮流举办，这样便利于每个村的供奉与祭拜。元宵节的送神、接神也是这样的顺序（2011年4月 T村村民温氏访谈）。

4.1.2 农历八月十五

每年农历八月十五，在没有任何组织的情况下，T村中每一户村民仍然会自觉参与小村落的村道修葺，包括给村道除草和修路。这是高阳温氏家族一直传承下来的传统活动，已经无法追溯具体是什么时间开始的了，但村庄温氏族人在接受笔者访谈的时称，这是祖祖辈辈留传下来的一个传统，是高阳温氏各个自然村中一个不成文的规定。

> 每年的农历八月十五那天，我们并没有特殊的典礼和仪式去庆祝中秋佳节，不过那天一大早，全村每家每户的村民都会不约而同地拿起锄头等工具一起去修路，将村庄通往外村的小道清理一番，主要是清除杂草。这是每年例行的一项任务，每家每户都要去的，除非家里真的有事不能出席，一两次还是可以理解和被允许的。但要是你每年都不去，就会被大家指责和议论。这是公家的路，本来就是每个人都要出力的。除非你不走这条道（才可以被允许不参加修路）（资料来源于2011年4月 T村温氏访谈）。
>
> 每年八月十五修路，那是生来就有的，从我们记事起就有了。以前一直从山上修下来，还没搬到这山下d村的时候。后来是修了水泥路之后，水泥路不需要修葺了，但有些通往山上的小道还是需要修。古时候就是八月十五修路，不管大家多忙，八月十五那一天都要抽空放下手头的活，拿起锄头去修路。从这个山头修到那边，所有的小路山路都要修。一般八月十五大家都会自觉地去修路。
>
> 问：这是我们温氏祖上留传下来的吗？
>
> 答：是的，祖上留传下来的。八月十五修路是生来就如此的。
>
> 问：为什么一开始的时候规定是八月十五去修路呢？
>
> 答：一开始怎么来的我们也不知道，从我们记事起就是这样了。这样可能是因为约定一个时间后，大家都会去了。如果不定时间的话，估计就没人去了。自然的，如果到了八月十五，大家就很自然地拿起锄头去修路了。好像是一个法律似的。呵呵。不成文的。但是具体怎么开始、从什么时候开始的已经不知道了。应该是从刚迁来高阳的时候就有了，都几千年了（事实上，从高阳温氏迁

来算起，至今应该是一千年左右）（资料来源于 2011 年 5 月 T 村温氏访谈）。

经考察，每个温氏自然村落都不约而同地保留了这一项传统。即便在高阳温氏族人搬迁聚居到 T 村之前，各个自然村落的联系不多，但在每年的农历八月十五这一天，村民集体出工义务修路的情况同时发生在每一个自然村落。很显然，这是高阳温氏族人的一项传统，可以推测出这个不成文的规定至少应该是在高阳温氏族人还未被划分成不同自然村落的时候订立的。之后祖祖辈辈相传，即便后来高阳温氏被自然山脉阻隔成十余个大小不一的村落，这项传统还是被每个自然村落很好地留传下来了。

问：在我们村里，为什么每年八月十五要修路呢？

答：到八月十五那时候有空，一定要修路的，没有修都是草可怎么走，路都坏了可怎么走？像我们小时候（20 世纪 70 年代）去上学的那条路上要过河的，没有桥。八月十五的时候，他们第五生产队的就要铺石路，用石头铺成桥过河，我们第四生产队的就除草。

问：那一般是谁带头组织的呢？是村干部么？

答：没有人组织带头的，到八月十五那一天，大家都会自觉去的。

问：那在我们 b 村（T 村的一个小村落，被访者的老家），一般是谁带头叫大家一起去的？

答：阿明、藤花、还有玉端等，他们都会叫的。

问：那你会叫大家一起去吗？

答：当然也会啊，我也会叫大家一起去：走啰，修路去。大家都知道八月十五那一天要修路的，所以都会事先腾出时间来，我们村的村道一个上午就可以修好的。每年都是八月十五那一天修路，已经习惯固定了，那一天人来得就很齐。要是改成别的时间，要么这个没空，要么那个没时间的，人就来不齐了（资料来源于 2010 年 8 月 T 村普通村民温氏访谈）。

　　不过"八月十五修路"的传统，近年来在不同的自然村落发生了一些改变。其原因并不是村民的观念发生了变化，受访谈所有的村民都还有"八月十五义务出工修路"的观念，他们对每年八月十五村庄集体修路的情形依然记忆犹新。关键的问题是，村庄客观环境发生了变化。从2003年开始，特别是在近年来的社会主义国家新农村建设项目的带动下，大部分的自然村落已经建成了水泥公路。由从前村落间的崎岖山路变成了现如今的平坦大道，路边不见杂草丛生，村道已经失去了"修葺"的必要。而且，我们从对村书记的访谈中了解到，国家正在出台新政策，在农村的村村通道路项目中，不仅要修好水泥路，还要拨款补贴对水泥道路的维护。对已修好的水泥路每平方米补贴一定的费用进行维修，比如可以用于买农药和雇人除草。因此，水泥路的修葺维护任务已经逐渐地由政府承担，不需要村民的参与投入。即便如此，我们在对T村现任书记的访谈中了解到，T村中有许多村落至今仍然保留了"八月十五修路"这一项传统习俗。

　　问：我们村里每年的八月十五修路是古时候留下来的习惯吗？

　　答：对，以前旧社会就有这样一个习惯留传下来。我们从小就知道有这个习惯，民国时候都有的。我跟你说为什么会选在八月十五呢，因为那个时候到秋季了，秋季的时候，一般的草都枯萎了，那个时间去修就比较好。如果太早去修，没过几天，它又发芽发青了，叶子啊草啊又掉下来了，那个时候天气也比较凉。这个是以前留传下来的，我们姓温的周边的这一带都有这个习惯，八月十五修路，应该是温氏祖上留传下来的一个传统习俗。其实这是很好的一个做义务工的习惯。

　　问：那从什么时候没掉的？

　　答：都还有啊，有的有这个观念的，到现在还是在修。比如人家尾楼，人家都没有人住在那边了，早就都荒无人烟，大家都搬出来了，但是八月十五的时候，他们还是照样回老家修路，以后要是回家看什么的，路好走一点。看每个村落自己重视不重视，重视的他们自己都还会去修。本来现在很多已经是水泥大路了，不用修了，但是这个是古时候留传下来的一个传统，有些村落这个观念还是很强的，仍然会继续修。我们原来是从z村修到tgl村，tgl村修到村部，村部修到这边桥头，d 村的人往我们家这边修，t 村的人往那边修。然后你们 b 村的往 d 村这边修。原来这样都修得很好（资料来源于 2011 年 4 月　T 村书记访谈）

高阳温氏族人每年农历八月十五村民集体义务出工修路，不是一个节庆，没有仪式，没有成文的规定，但却是高阳温氏族人每年身体力行的一项例行集体活动。虽然现在这项活动在形式上已经发生了变化——确切地说是正在消逝，但是村民对这每年一次的集体活动、对这每年一次的践行却有着深刻的社会记忆。这样的社会记忆很可能已经潜移默化地影响了高阳温氏村民的行为逻辑，特别是深深影响着他们在集体活动中所表现出来的行为。这是我们需要进一步研究的问题。

4.1.3　冬至

奇怪的是，温氏村庄并不是在四月清明节扫墓，而是每年的冬至那一天祭扫坟坛。除了祭扫村民自家的祖坟，每年轮流由一个自然村负责祭扫温氏"太祖墓"，以及回高阳清扫和祭拜温氏祖祠（负责村落的轮流次序与举办"四月十"活动的轮流次序一致）。和"四月十"不同的是，并非每年所有村落都需要祭扫温氏太祖墓和祖祠，只需要一个村落负责祭扫即可。如若今年轮到 d 村祭扫太祖墓和祖祠，仍然是 d 村的四户"头家"（同是这一年负责"四月十"和元宵节的四户"头家"）向村民集资若干，组织部分村民一起祭扫太祖墓和祭拜高阳温氏祖祠。这次的集资一般每户不超过十元，费用主要用于购买祭祀用的供品、香烛、爆竹和工作人员的午餐等。

相对于村庄中其他几项每年例行的传统活动，这算是最简约的一项了。在这一项的活动中，除了集体捐资，并非所有的村民都参与祭扫活动，只有"头家"和少数几位村民全程参与。不过每年由不同的四户村民轮流当"头家"，负责整个祭扫活动。这样算来，一般村民大约相隔几年才会有一次机会真正参与祭扫温氏太祖墓和祖祠的活动。

4.1.4　元宵佳节

T 村村民认为元宵佳节这一天是天上圣母生辰，举办一系列的庆典活动只为圣母庆生，当然，为了热闹，也会将田公元帅等诸神一起请来祭拜。整个活动流程与"四月十"类似，从正月初二开始到正月十一左右，每个自然村落都轮流将圣母、田公元帅诸神迎接到村庄，举办一系列的祭拜和庆典活动。在送神与接神活动中，村落轮流的顺序与"四月十"时一致，每个自然村的四户"头家"也与"四月十"的一致。因为在春节刚过的正月里，祭拜活动也更显丰富。供品、香烛和爆竹的数量更多，祭拜活动持续一天一夜，晚上还请来法师通宵达旦地作法。为了热闹和显示村庄的实力、活力，村民在晚饭后会开始大量燃放烟花爆竹。

同样地，村落的四户头家会事先向村民集资，一般向每户收取一百多元。费用主要用于购买公共用的供品、香烛和烟花爆竹等。最主要的花费在于请法师作法和燃放烟花。请法师作法大约一个晚上花费 400 元左右，大部分的费用还是用在了燃放烟花上。除了"头家"事先集资的费用购买烟花外，常常还会有一般村民再额外集资几千元用于购买燃放的烟花爆竹。一般的村民普遍认为，捐资于燃放烟花的钱的多少，一方面代表着对诸神信仰的虔诚程度，另一方面也代表捐资人家庭的经济实力。对于村落而言，村庄燃放的烟花爆竹越多，代表着村落越有实力和活力。这一点常常成为不同自然村落在元宵节这一天竞相攀比燃放烟花爆竹多少的理由。正如 b 村的一位被访者所说：

> 元宵节的时候，我们都力求烟花放得比 g 村更多更响，这说明我们村大家钱赚得多，（生活）比他们过得更好，这让我们很有面子（2010 年 8 月　Ｔ村陈氏访谈）。

4.2　公共生活中的非正式制度

公共生活的日趋式微成为对当前农村社会生活的一个现实判断，对乡村社会公共生活的丰富历史记忆与当下的衰败现状形成强烈反差（夏国峰，2010）。贺雪峰在大量的经验调查中发现，当前中西部大部分地区的村庄已经呈现出原子化状态，缺乏社会关联（贺雪峰，2002）。夏国峰在梳理了关于乡村社会公共生活研究的文献后指出，在为数不多的关于乡村社会公共生活研究的文献中，主要是集中于对两类村庄类型的研究，即宗族文化记忆较强、传统仪式性公共生活丰富的村庄和集体经济发达或经历了工业化较大发展的农村社区。他继而谈到，前种类型侧重对村庄传统宗族生活、民间宗教信仰生活的关注，主要是集中于社会人类学领域，研究者侧重于对民间仪式及象征的解读，揭示人们参与村落公共生活的社会文化意义与行为逻辑（夏国峰，2010）。如陈春生（1999）对于樟林社神崇拜与火帝巡游的研究；刘志伟（2003）对于沙湾北帝祭祀的研究；罗一星（2006）对于佛山祖庙祭典的研究；郑振满（1995）关于莆田江口平原神庙祭典的研究，为"祭祀圈"——这一公共生活形式中所象征的社会空间秩序进行了"深描"与"阐释"。这类研究更注重对作为公共生活形式的各种祭祀仪式及其象征意义进行人类学式的描述和阐释；刘铁梁（1995；2001）通过村落集体仪式性文艺表演活动的观察以及乡村庙会仪式的社会功能分析，来考察村民日常生活中的社会交往与社会关联以及社会组织观念及其合作的建构；甘满堂（2007）对福建村庙信仰以及社区公共生活的研究；袁松（2009）从桂北农民基于信仰基础的情感视角来考量村庄公共生活中的行动者，进而理解传统民间信仰在当代村庄公共生活中发挥整合功能的抽象机理，试图在民间信仰与村庄公共生活之间建立分析路径（夏国峰，2010）。

之所以关注第一类型村庄社会公共生活的已有研究，是因为我们所选取的个案 T 村正是属于这一类型的村庄：即宗族文化记忆较强、传统仪式性公共生活丰富的村庄。许多学者已经从不同的关注视角分析过公共生活丰富的村庄。正如前文所述，总的看来，已有的研究主要侧重在对村落集体仪式及其象征意义进行人类学式的深描，或侧重对村落集体仪式的社会学式的功能分析。但是对于这些村落是如何保存并完整地延续了大量丰富的传统集体仪式这一问题，并没有做过深入的研究。换句话说，一个村落用以维持和延续传统集体仪式的内在机制是什么？一个村庄用以维系其公共生活的纽带是什么？这些同样是值得我们关注和探讨的问题。

夏国峰对已有研究文献的梳理，简要概括了宗族文化记忆较强、传统仪式性公共生活丰富的村庄中传统文化资源与其村庄公共生活之间的关联：这种类型的村庄，其拥有相对丰富的传统文化资源或相对较强的社区历史记忆，村庄公共生活因传统关联而动员起来并维系人与人之间较为紧密的社会交往（夏国峰，2010）。我们在 T 村也观察到同样的事实，村庄中丰富的传统集体活动和各种祭祀仪式构成了T村的社会公共生活。村庄中人与人之间紧密的社会交往、集体活动确实是因传统关联而起，但数百年来，这样绵延有序的村庄集体活动（公共生活）必定有其特有的维系纽带。特别是在村庄缺乏正式宗族组织的情况下，是何种因素促成各项宗族公共事务的有效开展？我们分析了从T村收集而得的数据资料，发现充斥于T村村民日常生活之中的各种非正式制度，在维系村庄公共生活方面起到了不可忽视的作用。

制度可以降低人们相互作用的成本，是社会的博弈规则，或是人类设计的制约人们相互行为的约束条件。这些约束条件可以是有意识设计的正式规则（包括政治/司法规则、经济规则和合约），也可以是非正式规则，包括禁忌、社会规范及传统习俗等（诺斯，1994：64）。非正式制度是与正式制度相对应的、同样对人们的行为起到约束作用的一系列规则，它们并非经过人们有意识的设计，而是在人们长期的社会交往中自发形成，并被人们无意识接受的行为规范，主要包括意识形态、价值观念、道德观念及风俗习惯等（诺斯，1994）。非正式制度是社会群体成员的共同协定，是在社会群体长期共同生活的基础上衍生而来。由于非正式制度是建立在社会群体共同协定的基础之上，这些协定是通过群体成员的互动而得以创建和维系（马奇、舒尔茨、周雪光，2005）。非正式制度一般是经过人们长期的互动、选择演化而来的，当人们违反制度时，并无专门的组织加以明确的量化惩罚，成员遵守制度是出于自愿，而非被迫行为（柯武刚、史漫飞，2000；诺斯，2002）。根据学界对非正式制度的界定，我们可以看到，在T村村民的日常生活中，充斥着许多不成文的村规民约、风俗习惯、传统道德、价值观念和信仰等各种非正式制度。这些非正式制度深深嵌入村民的日常生活，影响和制约着村民的社会行动。我们同样可以从T村各项传统习俗和集体活动等公共生活中找到相对应的非正式制度。

4.2.1　习俗与"头家轮流制"

在本章第一部分的论述中，我们较为详细地介绍了T村每年例行的几次传统习俗和活动，包括"四月十"、"八月十五修路"、冬至祭祖和元宵祭神等各种集体仪式和活动。这里之所以将"四月十"、冬至祭祖和元宵祭神的活动归纳在一起，讨论其中的非正式制度，是因为这三项活动属于 T 村高阳温氏的宗族事务，其信仰、仪式和活动是由高阳温氏宗族文化衍生而来："四月十"所祭拜的"田公元帅"是高阳温氏始祖所创造的地方神，带有明显的温氏宗族信仰的文化意味；冬至祭祖，所祭拜的是高阳温氏祖先，正是典型的宗族崇拜活动；元宵祭神，所祭拜的是"天上圣母"和"田公元帅"，虽然"天上圣母"不同于"田公元帅"，并非温氏祖先所创造，但 T 村温氏族人只是遵循古法，延续祖上祭拜"天上圣母"的传统，也是温氏宗族代代相传的习俗，同样带有宗族文化的烙印。于是，我们将这三项习俗活动统一视为 T 村温氏的宗族性事务。

在旧制度学派中，虽然未明确提出非正式制度的概念，但从凡勃伦论述制度开始，就已经将**习俗**纳入制度的概念框架中。凡勃伦认为制度起源于社会中大多数人的思维习惯与各项习俗（Veblen，1914）。接着，美国学者约翰·康芒斯在其制度分析中，进一步重视和系统阐述了习俗。康芒斯在给制度的定义中，明确指出："我们就可以把制度定义为集体行动对个人行动的控制。集体行动涵盖的范围从无组织的习俗一直到众多有组织的运行中的机构（康芒斯，2009：75）。"他在其代表作《制度经济学》中追溯了休谟与佩尔斯对习俗、习惯的关注。他认为休谟"把一切信念和推理都归因于习俗，但他没有把习俗与习惯区分开来"（康芒斯，2009：161），而佩尔斯"实际上是把习惯和习俗而不是理智和感觉作为一切科学的基础，他把自己的体系命名为实用主义"（康芒斯，2009：156）。康芒斯自己在论述习俗的时候，首先将习俗与习惯做了区分：

> 如果我们把习俗从习惯中区分出来，那么习俗不是别的，正是教育。因为它是周围的人始自孩提时的重复印象，它会把服从的习惯性假设强加给个人，但是休谟的习俗跟个人的习惯是一回事，一个人可以从自然本性的重复或其他人的重复中获得这种习俗，而不受集体意见的道德压力的影响。习惯实际上是个人主义的术语，它受个人经验、感觉和预期的限制，而习俗则是从按照同样的方式共同行动的其他人的那部分经验、感觉和预期中衍生出来的，这就是从最广泛的意义上讲的教育。习惯是由于个人的重复，习俗则是持续存在的团体（这个团体中的人员是变化的）的重复，它对个人有

一种强迫的作用……以集体行动强化其服从的必要性（康芒斯，2009：162）。

换句话说，在康芒斯那里，习俗具有以集体行动强化个体服从的特性，这一层含义正是康芒斯意义上的制度。正式、明确地将习俗划归为非正式制度范畴的则是美国的经济学家道格拉斯·诺斯。他在著作《制度、制度变迁与经济绩效》中考察了不存在正式制度时的人类互动问题。在没有国家的社会里，秩序是怎样维持的呢？他指出：

在人类学家贡献的大量有关原始社会的文献清楚地表明，部落社会的交换也并不单纯。在没有国家和正式规则的情况下，稠密的社会网络使得非正式结构能大体稳定地发展。关于这一论点，我相信没有人比伊丽莎白·科尔森说得更好了："不论我们将它们称作什么：习俗、法律、习惯（usage），还是规范的规则（normative rules），这似乎并不重要，重要的是，像汤加（Tonga）这样的社群（communities），就不允许其成员自行其道，或者去探索其他行为的各种可能路径。他们凭借一套规则或标准来运行，这些规则或标准界定了在各种不同情况下的适宜行为。总的来说，这些规则的运行是为了避免利益冲突，而其方法则是：界定个人对其他特定成员的合理期望。其良性效应是：要求受到了限制，并且可以让公众来评判其行为表现。"（诺斯，2012：53）

所以，在诺斯这里，习俗就是非正式制度。

发展到新制度学派，社会学制度学派更加提升了习俗的重要性，并发展出独立的社会习俗理论。这一理论认为，社会习俗的逻辑，是社会制度存在与发展的众多解释理论的来源。杰克·奈特认为习俗的一般概念是："习俗即'一般的协定或者同意，不论是故意的还是含蓄的，构成任何风俗、制度以及意见等等的起源与基础。具体体现在任何习惯用法、行为标准、艺术处理等方面'，或者是'基于意见一致的规则与做法，社会大体都接受或者支持'。习俗的概念也不仅指规则与做法的存在，而且还指它们的发展以及形成过程。根据社会习俗理论，大量可行的现存习俗可以用作为非正式的规则。选择机制与重复的社会互动相关

联，习俗是这些互动的非有意的结果。"（奈特，2010：100—101）

这样看来，从制度学派发展以来，习俗始终与制度有着千丝万缕的关系。制度学派发展之初，在凡勃伦与康芒斯那里，习俗是制度，或者是制度的来源；随着制度学派的发展，尤其在诺斯与奈特的观点中，习俗被明确地划归为非正式制度。

在 T 村的"四月十"、冬至祭祖和元宵祭神三项活动中，虽然开展的时间不同、人们所祭拜的对象不同，甚而具体的仪式和活动也有所不同，但我们发现 T 村村民在这三项活动中所采用的组织方式却惊人地相似，即统一沿用由高阳温氏祖上留传至今的、非正式的组织形式："头家轮流制"。关于"头家轮流制"的具体组织形式，我们已经在前文中有过较为详细的描述。这一组织形式有几个明显的特点：第一，它是一种全民参与的自组织形式。在第三章中，我们已经很清楚地了解，历史上 T 村温氏宗族内部不曾存在固定的组织或权力结构。如此，在开展各项与宗族相关的公共事务时，并没有一个外在独立的、正式的组织或具体的个体在扮演组织者的角色，而是村落所有村民的自我组织；第二，它不存在一个固定的决策和权威中心。"头家轮流制"的决策中心是当年的"头家"，但这个"头家"/决策中心只是暂时的。每年"头家"在村落的每一户村民中轮流，每一年的"头家"即随着当年活动的开始而产生，又随活动的结束而卸任；第三，它存在多个权力中心。因为不存在固定的决策和权威中心，"头家"在村落所有村民中轮流产生，这样无形中就构成了一种多中心的状态。当年的"头家"只是执行一系列具体的组织工作，对村庄的宗族公共事务并没有终极决策权。实质的权力中心扩展到整个村落，若干户村民形成的每一年的"头家"，对本村落的宗族事务都具有一定的决策权；第四，它是一种非正式组织。"头家轮流制"不是一种正式组织，它没有正式的规章制度，主要依靠许多不成文的非正式制度/规范来影响和制约成员的行为。

事实上，关于温氏宗族事务的治理方面，我们在 T 村的高阳温氏祖祠和温氏族谱上，找不到任何明文规定的族规祖训，但从具体的活动仪式中，我们可以看到其中包含许多约定俗成的、不成文的非正式制度。首先，这些习俗活动和仪式本身即是一种非正式制度。包括这些活动举办的时间、祭拜的对象、具体的仪式内容甚至每一项活动所需集资的金额，都是沿承祖祖辈辈的做法，形成村庄特定的风俗习惯；其次，"头家轮流制"的组织形式也是一种非正式制度。"头家轮流制"的组织形态不是一种明文规定的正式制度，其中没有任何相关的、成文的规章条约。它是 T 村高阳温氏祖祖辈辈在具体的活动实践中，通过不断互动、选择、演化而来的一种非正式制度。

4.2.2　惯例与俗语

与 T 村宗族传统活动一样，"八月十五修路"这项活动本身就是一种非正式制度。不论在 T 村的村规民约中，还是在高阳温氏族谱或族规祖训中，我们找不到任何与"八月十五修路"相关的明文规定。在 T 村村民眼中，这只是祖祖辈辈留传至今的一项传统习俗和每年例行的一项惯例而已，在 2011 年 4—5 月的访谈以及同年 7—8 月的问卷调查中，大部分的被访者甚至不知道为什么要参加每年"八月十五修路"的活动。

> 不知道为什么八月十五要修路，不过到八月十五那一天，村里每家每户很自然地都会来修路，随便有个人一叫，大家很自觉地就去了。这是古代我们温家留传下来的一个习俗和惯例，每个人到那一天很自然都会去修路，这是一定的，不能坏了规矩（资料来源于 2011 年 4 月　T 村村民访谈）。

> 不知道啊，我还真不知道为什么八月十五要去修路，好像别的村庄都没有这个习惯，就我们温家人这样。记得小时候每年的八月十五这一天，全村里每家每户大人都拿个锄头或柴刀出门去修路，有时候家里爸妈没空儿，他们就会让我去。我也问过大人为什么这一天要去修路，他们也不知道，只听说一直都是这样的，古时候老人家传下来的一个传统习俗（资料来源于 2011 年 8 月　T 村村民访谈）。

虽然"八月十五修路"与"四月十"、冬至祭祖、元宵祭神等集体活动一样，都是 T 村温氏祖上留传至今的传统活动，都带有一定的祖先崇拜/信仰色彩，但是两者之间还是存在许多不同之处。最大的不同是："四月十"、冬至祭祖和元宵祭神等活动不仅具有浓厚的民间宗教信仰色彩，而且集体活动过程具有一定的组织性（按"头家轮流制"的原则进行组织）；而我们在"八月十五修路"活动中，很难看到其中含有任何的宗教信仰色彩，同时整个集体活动的组织过程相对涣散。我们在"八月十五修路"的活动中找不到任何组织者，甚至不存在临时的组织者。每个村落中对于"参加"与"不参加"这个修路活动的村民行为，不存在显性的奖励与惩罚措施。是否参加"八月十五修路"活动，在很大程度上依赖于村民的自觉意识。但是，在我们的问卷调查中，数据显示，T村中93.6%的家庭每年的八月十五都参加这项活动；90.8%的被访者表示他们每一次都会参加修路活动。在问及被访者愿意参加这项活动的原因时，91.7%的被访者选择的都是"因为是祖上留传下来的传统习俗，每年都参与的，习惯了"这个选项。同时，许多被访者给出了另一个答案：

> 问：村里并没有规定"八月十五"一定要去修路，你们为什么每年都愿意参加？
>
> 答：人家都说"铺桥修路"是积功德嘛。我们义务去修路，也算是做好事，给自己积功德，为子孙后代造福。
>
> 问：铺桥修路是积功德？是谁这么说的？
>
> 答：村里的老人啊，老人家都是这么说的，你随便去问一个，他们一定都这么说。这个还用问吗？（资料来源于2011年4月 T村村民访谈）

在没有任何正式的组织和规章制度保障的情况下，"八月十五修路"这项传统活动竟在T村延续传承了数百年。甚至到了目前"水泥村道不需要修理"的情况下，T村的每个村落仍然保持"八月十五修路"的惯例。对于这种不同寻常的现象，我们应做何解释？从T村访谈和问卷调查的数据表象来看，"祖上留传下来的传统习惯"以及"祖上留传下来的一些俗语（比如：铺桥修路是积功德）"可以直接解释这个问题。但是，如果我们从制度的角度，按照非正式制度的界定来看，这两个原因都属于非正式制度的范畴。首先，"传统习俗"本身就是包含在非正式制度的定义之中。诺斯说："非正式制度是与正式制度相对应的、同样对人们的行为起到约束作用的一系列规则，它们并非经过人们有意识的设计，而是在人们长期的社会交往自发形成、并被人们无意识接受的行为规范，主要包括意识形态、价值观念、道德观念及风俗习惯等（诺斯，1994）"；其次，俗语也是一种非正式制度。"铺桥修路是积功德"的俗语，体现了 T 村村民朴素的价值观和道德观，这种非正式制度对人们的行为有种无形却强有力的约束性。非正式制度一般是经过人们长期的互动、选择演化而来的，当人们违反制度时，并无专门的组织加以明确的量化惩罚，成员遵守制度是出于自愿，而非被迫行为（柯武刚、史漫飞，2000；诺斯，2002）。非正式制度的这些特性，足以解释 T 村中"是否参加'八月十五修路'活动，在很大程度上依赖于村民的自觉意识"的现象。

4.3　本章小结

大部分学者都将公共生活的日趋式微作为对当前农村社会生活的一个现实判断。然而，我们在 T 村至今仍然可以看到村庄丰富而活跃的公共生活。由于 T 村单姓宗族的特性，村庄大部分公共生活是围绕 T 村高阳温氏宗族而展开。其中包括各种与宗族相关的集体活动，如每年的"四月十"、冬至祭祖和元宵祭神活动；也包括温氏宗族特有的村落集体活动，即每年以村落为单位的"八月十五集体修路"活动。由访谈和问卷调查的数据得知，T 村中不存在任何正式的组织或规章制度，用以确保每一年这些集体活动的有序开展。然而数百年来，T 村却完整地延续和传承了这几项传统的集体活动，保证了它们每一年都在村中如期开展。究竟是什么样的力量在维系着这一系列活动的延续？

经过对资料和数据的初步分析，我们发现在 T 村的各项传统集体活动中，虽然缺乏正式制度的保障，但是却不乏各种形式的非正式制度：不仅作为传统习俗的各项活动本身是一种非正式制度，而且各种活动的非正式组织形式（"头家轮流制"）、作为 T 村村民朴素价值和道德观念体现的"俗语"等都属于非正式制度的范畴。我们预设，正是这些非正式制度的存在，在一定程度上弥补甚至替代了正式制度本应发挥的制约功效，最终成为维系 T 村公共生活最主要的纽带。

第五章 T村的公共物品供给

　　T村包含 8 个自然村，被划分成 18 个村民小组。T村的行政事务和生产性事务主要由村党支部和村委会进行管理。一般党支部成员 4 人，村委会成员 5 人。但这一类型的政治组织并不参与管理 T村村民公共的日常事务。除了主要的两个政治组织外，T村还有一个社会组织——温氏理事会。温氏理事会成立于 1997 年。虽然 T村一直延续了丰富繁多的宗族事务和活动，但在此之前，并不存在一个正式的宗族组织对一切活动进行统一的安排和管理。每一项宗族活动和相关的公共项目是由各个自然村落全体村民参与，并轮流做"头家"暂行管理。这样全民参与又轮流坐庄的传统管理形式从高阳温氏祖上一直保留至今，并确保每一年的各项宗族活动都有序、有效地开展。1997 年之所以成立温氏理事会，是为了统一组织温氏族人进行翻修高阳温氏祖殿、高阳温氏族谱、温氏太祖墓和之后一系列的迁修祖殿、宗庙等事务。事实上，在温氏理事会成立之后，他们也只是对这些全宗族性质的公共事务进行有限的组织和管理。每个自然村落的宗族活动和事务仍由自然村落的全体村民轮流治理。对于村庄的生产性公共事务，温氏理事会也不会主动承担组织和管理的责任。

　　T村丰富而活跃的公共生活，肯定要有一定的公共空间作为载体。特别是与宗族相关的集体活动，集体祭祀时所需要的公共场所（如宗祠、宗庙等）和必要的公共物品（供品、公共资金等），这些构成了与T村村民日常生活息息相关的公共物品。如果 T村中现有的政治组织和社会组织，对于村庄宗族性公共事务的管理都十分有限，那么 T村村民是如何应对村庄宗族性公共物品的供给问题？本章我们主要讨论在历史上 T村是如何获取这一系列的公共物品，以及这些公共物品在 T村的供给现状。

5.1　公共物品供给问题及可能的解决方案

学术界对公共物品供给中可能出现的问题，早已达成共识。在公共物品供给中，似乎难以避免个体行动者的"搭便车"问题，最终可能影响公共物品的有效供给。公共选择理论上的哈丁的"公地悲剧"、普遍使用的"囚徒困境"和奥尔森的"集体行动的逻辑"的理论模型，均说明了人们在面对公共物品时，不仅在公共物品占有环节容易受到搭便车或机会主义的影响，而导致对公共物品的过度使用与消耗，而且在公共物品供给的环节，人们同样会面临"搭便车"、规避责任或其他机会主义行为的诱惑，没有动力为集体共同的利益作贡献，而只会选择做一个"搭便车"者，形成集体行动的困境（奥尔森，1996）。

公共物品供给为什么总与"搭便车"现象捆绑出现？回答这个问题，首先需要厘清什么是公共物品以及公共物品的属性。美国经济学家萨缪尔森将公共物品界定为："每个人的消费不会减少任一其他人对这种物品的消费。"（萨缪尔森，1954：386）英国学者丹尼斯·缪勒根据萨缪尔森的定义对公共物品进行了更加详细的界定与描述：

> 或者，可以把纯粹的公共物品定义为，必须对所有社会成员供给同等数量的物品。国防、治安和消防是人们熟悉的纯粹公共物品的例子……几乎所有的公共物品，其供给都需要投入资源、时间或道德约束，如果所有的人都对公共物品的供给作出贡献，那么，每个人都会比所有的人都没有这样做时生活得更好；而且，即便只有一个人没有对这种物品付出代价，每个人仍然可以生活得更好。
>
> 纯粹公共物品具有两个显著特征：供给的连带性，以及排除他人消费的不可能性或无效率。一旦它被提供给某些社会成员，就使得排除他人的消费成为不可能或者无效率（马斯格雷夫，1959：9—12、86；黑德，1962）。供给的连带性是公共物品生产函数或成本函数的一个特性。在供给连带性的极端情形中，公共物品的生产成本全部都是固定的，因而其边际生产成本为零（例如，一个公共纪念碑就是如此）。对于这种公共物品来说，增加更多的消费者并不会妨碍其他人受益。一种公共物品，虽然其边际成本是正数，但

65

只要平均成本递减，也就会有供给的连带性因素，引出集体供给的问题（缪勒，2010：13）。

也就是说，一般公共物品具有非竞争性和非排他性的特征：它一经提供产生，所有的成员都可以共享，不大可能对任何成员造成排斥，或者排斥的成本很高；也不考虑该成员有没有对公共物品供给作出过贡献，都可以共享公共物品带来的好处；而且公共物品供给的成本是固定的，共享成员的增多不会导致供给成本的增加。正如缪勒的进一步分析所指出的：

> 对许多公共物品来说，排除某些社会成员的消费是不可能的或无法实施的。无法运用排他性原则，会给个人的不合作行为提供一种激励。排他的不可能提出了纯粹自愿提供某种公共物品方案可能会崩溃的问题。因此，公共物品的各种特性提供了集体选择存在的理由。供给的连带性是胡萝卜，它使合作性的集体决策有利于所有的人；而排他性原则的缺失却是苹果，它把个人诱入独立的不合作行为（缪勒，2010：14）。

经济学中，把对个体超理性的假设作为分析前提（H. 培顿·扬，2006）。在缪勒的分析中，正是公共物品的连带性和非排他性的特性，诱发理性个体成员在公共物品供给中的"搭便车"与不合作行为，这样会影响公共物品的有效供给。他用研究者们广泛讨论过的"囚徒博弈困境"模型来解释与分析理性个体在公共物品供给中的不合作行为。如果将个体在公共物品供给中的行为策略当成一次性博弈行为，那么不合作的策略就是个体的超优策略。在一次性博弈中，不管其他人的策略选择如何，超优策略（即不合作行为）是每个博弈者的最佳策略。因此，缪勒认为："给定供给的连带性，为了有效率地提供这种公共物品，就需要一项合作性的消费决策。"（缪勒，2010：13）

从理论层面上看，只要个体是超理性的，那么一次性博弈中出现的"囚徒博弈困境"似乎是无解的。但这毕竟是理论层面的探讨，一次性博弈困境是一种理想模型。在现实社会层面，许多博弈与合作行为并非仅有一次，而是重复多次的。许多学者开始从重复多次博弈的假设情景下，试图给出博弈困境的合作解。缪勒认为，如果由相同的博弈者一再重复进行"囚徒困境博弈"的话，合作解就会作为这种博弈的"超级博弈"的结果而出现。即便在博弈者之间缺乏直接的沟通情形中，只要每个博弈者都选择了一种超级博弈策略，从而有效地把他在某一次博弈中选择的合作策略与另一位博弈者对这一种策略的选择联结起来，那么在所有博弈者中最终也会出现合作行为。缪勒在总结这种超级博弈时说："就是一个博弈者在眼前的博弈中采取的是另一个博弈者在上一轮博弈中所用的那种策略。如果所有的博弈者都采取这种策略，并且一开始就使用合作策略，那么，在每一轮博弈中都将会出现合作的结果。在罗伯特·阿克塞尔罗德（1984）所主持的一项计算机模拟竞赛中，这种'针锋相对'的策略击败了一组博弈论专家所提出的所有其他策略。"（缪勒，2010：15）

在重复博弈中，学者泰勒给出了另一种解决博弈困境的合作解。泰勒认为，博弈者需要认真观察其他博弈者的策略，只要有其他博弈者采取合作策略，那么，每一个博弈者都采取合作策略，并且，随之对其他博弈者在转向合作策略之前的一系列博弈中实施非合作策略的背叛行为进行惩罚。这样，多次博弈之后，最终大部分的博弈者都会趋于采取合作策略。尤其是，当所有博弈者一开始就是采取合作策略，那么这种合作结果就会贯穿整个博弈过程（泰勒，1976：28—68）。泰勒的核心思想是，对重复博弈中的不合作行为进行惩罚，不断的负向激励使得所有博弈者最终达成合作策略。

现实生活中，除了出现重复博弈的情况，还有一种现实情境也可能对克服"囚徒博弈困境"有所帮助。即当集体规模很小、成员人数很少的情况下，某些条件可能会促进个体成员的合作行为。这是因为当人数很少时，很容易发现不合作行为并予以惩罚，从而促进合作行为。科斯、奥尔森等学者从另一个角度解释这种机制：当集体人数很多时，个体或少数几个成员可能抱有机会主义态度而采取非合作策略。其原因是，由于他们的不合作行为对其余人的影响微小，因而不容易被发现，或者，由于无法发现这些不合作行为，因而不会受到惩罚，或者采取合作行为的人惩罚不合作行为者的成本太高，因而不去惩罚非合作者。因此，对于大型社会而言，在小规模的社会中，更可能出现自愿遵循行为约束或自愿提供公共物品的情形（科斯，1960；布坎南，1965b）。在大型的社会或团体中，依赖自愿遵从行为会导致"搭便车"现象，导致公共物品供给不足或无供给的现象（奥尔森，1965）。奥尔森在《集体行动的逻辑》中，明确指出了集体规模大小与集体行动之间的关系。他认为，在公共物品供给中，相对较小的集团相对于大集团具有更大的有效性。因为，当集体数量很大时，集体中的个体成员采取行动可能不会对结果产生多大的影响，且当集团扩大时，每个参加者为获得或改进这些公共物品所做的贡献也越来越小。为促进集体行动，许多组织需要求助于小集团。因为，在小集团中可以更加有效地采取社会压力与社会激励或经济上的奖惩机制促进集体成员的合作行为（奥尔森，2012）。

事实上，以上探讨的问题可以总结为从个体的独立行动到集体的合作行动之间的路径问题。由于理性人的假设前提，个体的理性行为与集体的合作之间似乎是不相容的。缪勒等经济学家们多从微观层面分析个体的理性博弈，试图通过设计不同的博弈规则与情境以制约个体行动的理性算计，促成理性个体达成合作。但这里，他们忽略的一个问题是，在公共物品供给中的个体行动与囚徒博弈中的囚徒行动并非完全一致。囚徒困境中，囚徒的选择、博弈行为是被强制的，而现实社会的公共物品供给中，个体成员的行动选择并不带有强制性。但两者一致之处在于，从个体的独立行动到合作的或集体的行动的转变是一个至关重要的问题。埃莉诺·奥斯特罗姆关注到这个问题，并在梳理已有理论解决方案的基础上给出不同的解决方案（奥斯特罗姆，2012）。

奥斯特罗姆在《公共事物的治理之道》中，着重分析与公共资源相关的集体行动的制度演化问题。对公共资源的治理涉及占用问题和供给问题，而公共物品与之不同，在公共物品中，不存在占用问题，因为资源单位是不可分割的（奥斯特罗姆，2012：58）。因此，在讨论公共物品供给中的集体行动问题，我们可以借鉴奥斯特罗姆对供给问题的分析。奥斯特罗姆认为，供给问题的分析集中在对公共物品本身投资的时间依赖特征和效益特征。供给问题可以发生在供给方、需求方，或供给和需求双方。已有的企业理论和国家理论的解决方案在于求助于公共物品共享者之外第三方——私人企业或国家——提供一套全新的制度安排，用于公共物品供给的治理中。企业理论和国家理论都对实现集体行动的途径作出了解释。它们都涉及建立一种新的制度安排，在这种新制度安排中所采用的规则与独立行动所遵循的规则是根本不同的。但在公共物品供给中，还涉及公共物品的长期投资、维护与保养问题。这些具体长期的难题使得企业与国家的介入仍难以有效解决公共物品的供给问题。因此，奥斯特罗姆给出了有别于企业理论和国家理论的另一套解决方案：通过自主组织和自主治理，并通过制定严格细致的共享规则和设计一套行之有效的制度安排来促成集体行动，达成对公共事物的有效治理（奥斯特罗姆，2012）。

　　这里，我们考察 T 村的公共物品供给情况，试图了解 T 村的各项公共物品供给中是否存在"搭便车"、机会主义等集体行动困境问题，从而影响了村庄公共物品的有效供给？如果理论上公共物品供给中的"搭便车"现象是不可避免的，那么，T 村的公共物品供给中是否也运用了已有的理论解决方案？或者，它有没有可能发展出一套有别于已有理论的解决方案？

5.2　T村公共物品分类

　　我们将 T 村的公共物品供给简单划分为生产性公共物品和非生产性公共物品。生产性公共物品是指村民在日常生活和生产中不可或缺的基本需求，生产性公共物品不仅便利了村民的生活，更重要的是可以增加农民在生产上的效益，有利于提高村民的生活水平。我们考察的 T 村的生产性公共物品主要包括：农田水利、生活饮用水、学校、道路、路灯等。非生产性公共物品主要是生活性的公共物品，非生产性公共物品的提供可以便利村民的生活，但不是村民生活所不可或缺的，它的提供与否也并不会对村民的生产产生任何影响。我们考察的 T 村的非生产性公共物品主要是指村庄中与宗族、宗教活动相关的公共物品和项目，其主要包括：村庄中修建的宗祠、宗庙、寺庙以及村庄每年例行的宗族活动中所涉及的公共集资与相关事务等，也可以称为宗族性公共物品。虽然我们将村庄的公共物品类型划分为生产性和非生产性两类，但这两类并非绝对的概念。换句话说，生产性公共物品和非生产性公共物品之间没有绝对严格的界限，只是相对而言，生产性公共物品对村庄的生产活动更具作用，而非生产性公共物品则更具生活性特征。不论如何分类，T村的这些公共物品都具有萨缪尔森以及缪勒所界定的一般公共物品的特性，即排他性和非竞争性。理论上，公共物品的这两种特性极易带来个体在集体行动中的不合作行为。如果这样的情况（个体的"搭便车"行为）是普遍的，那么它将直接影响村庄公共物品的有效供给。可是，我们从研究中发现，现实情况并非如此简单。T 村的非生产性和生产性的公共物品供给都很充分，我们需要对其进行更深入的探讨与分析。

5.3　T 村非生产性/宗族性公共物品供给

在提及 T 村非生产性公共物品的供给时，不得不提到的是 T 村唯一的社会组织：温氏理事会。温氏理事会成立于 1997 年，当时是由温氏宗族中辈分较高的几位老人发起成立。其成立的最初目的在于翻修高阳温氏祖殿和温氏太祖墓。高阳温氏祖殿修建于清朝初年，温氏太祖墓修建于北宋时期、所有温氏族人刚从江西迁入福建高阳之时。祖殿与太祖墓修建至今，历经数百年的沧桑，其间未曾有过大规模的翻修，祖殿与太祖墓早已残破失修。在此之前，温氏族人分居于各个自然村落，居住空间较为分散，交通不便，各自然村之间缺乏足够的紧密交流联系，加之缺乏统一的宗族组织，难以集中足够的力量对祖殿及太祖墓进行大规模翻修。不过在中华人民共和国成立之后，温氏族人陆续从居住分散的山间搬迁至山脚下的 T 村，各个自然村落的空间距离和社会距离已经拉近了许多。到了 1997 年，组织温氏族人集中力量对祖殿和太祖墓进行翻修的各项条件都已成熟。温氏族人中辈分高的几位老人正是出于这样的考虑，在温氏宗族里发起成立一个统一性的宗族组织——温氏理事会。温氏理事会成立的初衷是翻修高阳温氏祖殿和太祖墓，所以温氏理事会也被称作"高阳温氏祖祠理事会"。

虽然温氏理事会是为了翻修祖殿和太祖墓而成立，但事实上，在温氏理事会成立之后，除了翻修祖殿和太祖墓外，它也承担起组织 T 村中一些其他宗族活动的任务。

5.3.1　宗祠

T 村基本上可以称作单姓村庄（目前全村 708 户村民，其中 703 户都姓温，只有 5 户姓陈），所以整个村庄只有一个温氏的宗祠（陈姓的宗祠在其早先的迁出地仙游县，这支陈姓也在仙游县修建族谱和修建宗祠，所以只有 5 户的陈姓并不在 T 村境内另行修建宗祠）。T 村温氏的宗祠，最早修建于清初，位于仙游县的高阳山上，命名为高阳温氏祖殿。是温氏后人依据高阳温氏始祖温子玉的遗愿所建造的。整个宗祠的外形是凤形，所处的地势也是凤形。从这点上看就可以读出温氏始祖对温氏后人寄予极大的期望，希望温氏后人成龙成凤。

T村在高阳温氏祖殿上花费的公共资金并不多。主要是每年的冬至祭祖，由某个村落（取决于T村轮流制中轮到哪一个村落负责）当年的"头家"组织若干村民回到高阳祖殿举行简单的祭祀仪式。"头家"需要向本村落的村民集资若干，用于购买祭祀供品以及当天工作人员的午餐，每次大约向每户村民集资不到十元钱。这是高阳温氏祖殿主要的公共开销。高阳温氏祖殿在清初兴建后，一直不曾被较大规模地翻修过。直到1997年，温氏理事会成立后，在温氏理事会的组织下，开始对高阳温氏祖殿和太祖墓进行全面整修。这次的翻修动员了整个高阳温氏族人的力量，集资的对象超出了T村，延伸至居住在仙游县境内的温氏族人。筹资的组织者是温氏理事会的常务委员，他们走访居住在T村及仙游县的温氏宗亲，动员他们根据自己的经济状况自愿捐资，捐资的款项也没有设上下限。

问：你们去集资的时候，都是怎么倡议大家捐资的？

答：我们就说现在我们温家要重修祖殿了，你们愿意贡献点力量吗？出多少都可以。你给50元我们也收，出100元我们也收，甚至几块钱我们都收，就看你自己的心意了。其实祖殿也是我们的田公元帅官殿，我们跟大家说我们要修建田公元帅官殿，田公元帅可以保佑大家出入平安，还有在外做生意的可以生意兴隆，财源广进。

问：一般大家都会信（田公元帅）吗？

答：会的，我们温家人都会信。田公元帅是我们温家人自己的神。我们每家每户去收的，只有信基督的人我们不去收。我去收的，大家都有出钱。出的多少，我们都不嫌弃的。他们出多少，我就记多少。

问：这是哪一年的事情呢？

答：到这现在11年了。应该是2000年的事情。

问：那收了多少钱之后你们才开始动工修建的？

答：收（的钱）不够，我们就开始动工了。边施工边继续集资，边集资边修建。

问：前后集资花了多少时间？

答：那时间可长了，算起来总共花了四五年。

问：那修建这个宫殿，一共花了多少钱？

答：总共花了十几万。其实我只是到 T 村以外去收，仙游那边的温家去收，村里的集资都由每个村落的负责人去收了。

问：村落的负责人？

答：就是每年四月十和元宵节做头的人（头家）。他们收齐每个村落的（集资），然后交给温氏理事会（资料来源于 2011 年 4 月 T 村温氏理事会成员访谈）。

虽然这次由温氏理事会发起的集资，前后历时的时间较长，但也终于成功达成了翻修祖殿的目的。温氏理事会只是负责 T 村之外的筹资，T 村内部的集资任务还是具体落在各个自然村落当年的"头家"身上。严格地讲，温氏理事会并不是一个正式组织。组织结构较为涣散，不过是由 T 村温氏中几位年龄和辈分大的老人为达成翻修祖殿的目的而临时组织起来的，组织内部并无明晰的权力和责任。不过在这次对 T 村一般村民的访谈中，发现许多村民对于由理事会组织筹资翻修祖殿存在一些非议，他们对温氏理事会的常务委员并没有足够的信任。

5.3.2 太祖墓

高阳温氏太祖墓修建于北宋时期，位于永福二十八都双溪口龙井处（现梧桐双溪口，T 村境内）。高阳温氏始祖温子玉是南宋时期一名著名的地师，原来居住在赣州（今江西）境内，曾远游至福建四处考察地形，寻找福地，考虑迁离赣州。最终在 T 村境内双溪口寻得一处福地，于是在此修建祖茔。温子玉便回江西先将其在江西境内原有的祖茔迁移至此，然后再从江西举家迁徙至仙游县境内的高阳山上定居。

温氏太祖墓从修建至今，也未曾有大规模的翻修。T 村在温氏太祖墓的公共开销上基本与高阳祖殿一致，每年冬至 T 村在祭拜祖殿后，随即前往太祖墓进行祭拜和清扫。费用即是当年冬至集资的公共资金，并无额外再进行筹款。

5.3.3　宗庙：田公元帅宫殿与圣母宫殿

田公元帅宫殿

据说对于田公元帅，温氏族人居住在山西太原时早有信奉。高阳温氏始祖温子玉从江西迁徙至福建时，也将祖上对田公元帅的信仰带至高阳，于是其信仰一直被高阳温氏后人传承至今。可以说，田公元帅最早是温氏祖先创造的一位地方神，也是温氏族人的独特信仰和最主要的信仰之一。在T村访谈期间，大部分的被访者都熟知田公元帅的故事。这不仅因为田公元帅已经成为T村村民（所有温氏村民，也包括5户陈姓村民）最重要的信仰，更因为每年有两次例行的祭拜田公元帅的节日。一个是"四月十"，传说中田公元帅的生辰；另一个是元宵节，同时祭拜田公元帅和圣母。两次的节日都有一系列纷繁的祭拜仪式，不断强化村民对田公元帅的信仰。甚至在每年的"四月十"，有些村落会自愿集资办社戏为田公元帅庆祝生辰。这类的社戏中常常包含一出关于"田公元帅出世"的故事。

在高阳旧厝，并没有单独安放和供奉田公元帅的宫殿。田公元帅被安放在高阳温氏祖殿中，与高堂同被温氏族人供奉。在大部分温氏族人还居住在山间、未搬迁至山脚的T村时，大约有十个左右的自然村落。每个自然村落每年轮流祭拜祖殿。祭拜祖殿的仪式较为简约，每个自然村落大概数年间才会轮到一回，而且村落的村民不必全民参与祭拜仪式，只要派几个代表参加即可。但对于田公元帅的祭拜仪式要更加复杂，每年每个村落都例行举办两次关于田公元帅的祭拜活动，不仅是全民参与，而且祭拜仪式纷繁复杂。

现如今，大部分的温氏族人都已搬迁至T村境内，每年却因为祭拜祖殿和田公元帅，村民都要长途跋涉到高阳山上。山上已经很少有人住，山间的路也一直没有修，特别是为祭拜田公元帅，村民每年两次往返于山上和山下，极为不便。事实上，温氏理事会的成立正是出于这一现实需求的考虑，名义上是要翻修温氏祖殿，但实质上是为迁修田公元帅宫殿，以便利T村村民每年的几次祭祀活动。温氏理事会成立之后，组织集资并在T村境内修建田公元帅宫殿，并将其命名为"太原祖殿"。将高阳祖殿里的田公元帅请迁至新的田公元帅宫殿中。此后，每年的"四月十"和元宵节，T村村民在村里新建的田公元帅宫殿里即可请到田公元帅，开展一系列的祭祀仪式也便利了许多。虽然有新建的田公元帅宫殿，又命名为"太原祖殿"，但 T 村每年冬至的祭祖仍然要回到高阳山上，在高阳祖祠里举行祭祀仪式。

T 村用于田公元帅信仰上的公共资金，主要包括每年"四月十"和元宵祭祀前，"头家"向每户村民的筹资，从数十元到上百元不等；还有 2000 年修建田公元帅宫殿，总投资十几万元。

圣母宫殿

圣母即天上圣母，并非高阳温氏族人的独特信仰。估计只是高阳温氏族人从道教里借用过来的信仰。对于圣母，并无特别的传说与故事。不过也是高阳温氏族人一直传承至今的信仰。高阳温氏族人的元宵佳节与其他地方略有差别。每个村落并不是统一在正月十五过元宵节，而是各个自然村落轮流、在不同的时间里过。高阳温氏大致包含 10 个村落左右，那么从每年正月初二至十一，每个村落轮流过一天的元宵节。一个村落在过元宵节的这一天里，同时祭拜圣母与田公元帅（具体的活动过程见第四章）。

同样是出于便利的考虑，温氏理事会紧接着于 2001 年开始组织筹资事宜，着手对 T 村圣母宫殿的修建。这次筹资者与前面几次活动不同，温氏理事会成员 wbx 主动承担了筹资和组织修建圣母宫殿的工程。

> 问：圣母宫是哪里来的？
> 答：也是从高阳迁下来的。
> 问：你以前担任过村干部吗？
> 答：没有。
> 问：那为什么你主动承担这个筹资的任务？
> 答：我就是"好事"（喜欢管闲事，揽事做）嘛（资料来源于
> 2011 年 4 月　T 村村民 wbx 访谈）。

wbx 是 T 村中自然村落 t 的一名普通村民，在当地镇上的中学里担任行政职务，个性热情，比较热衷村庄的公共事业。他在 1998 年时，曾主动承担组织筹资翻修 t 村内的一座寺庙佛宫（将在后文详述）。在老一辈的 T 村村民中，wbx 的文化水平相对较高，又常常参与村庄公共事务，在村庄中的威望较高，同时他也是第一届温氏理事会常务委员会

的成员之一。这次圣母宫殿的修建，温氏理事会将大部分的筹资工作都交与 wbx 承担。他在 T 村境内发起捐资活动，总共筹得资金 8 万元左右。

5.3.4　寺庙：佛宫与教忠寺

佛宫

佛宫中主要供奉佛祖，这并不是高阳温氏族人原有的信仰。温氏族人居住于高阳山上时，并不曾供奉佛祖，也不曾在村庄内部修建佛宫。这个佛宫位于 T 村（确切地说是 t 村，T 村下属的 8 个自然村之一）通往镇上的路途中，在高阳温氏族人搬迁至此前，就已经存在了。现在已无法考证最早是什么人在此修建佛宫并供奉佛祖。但高阳温氏族人搬迁至 t 村时，很自然地将此佛祖纳入自己的信仰体系。不过因为佛宫位于自然村落 t 境内，离 T 村的其他村落较远，所以逢年过节前来祭拜的大部分只是 t 村村民。1999 年，t 村发生了一场严重的洪涝灾害，不仅冲毁了大半的 t 村，也将此佛宫冲毁了。wbx 正是 t 村村民，他借村民在重建家园之时，主动承担起筹资和组织 t 村村民新修佛宫的任务。主要的筹资对象是自然村落 t 中的村民。这次筹款总额只有几千元，然而，大部分 t 村的村民都被发动起来参与修建、义务贴工。

教忠寺

教忠寺是 T 村境内唯一的一所寺庙。教忠寺里主要供奉观音、佛祖、盘古帝王、文武状元等诸神。教忠寺旁是南宋状元郑侨之墓。传说当时教忠寺规模很大，有九座寺庙相连。寺庙当时办过私塾，郑侨年轻时便在教忠寺里读书。由于这段渊源，这里便流传着一段关于郑侨与教忠寺的故事：

教忠寺失火的传说

传说一：郑侨小时候很穷，在教忠寺读书被僧人看不起，他偷偷自制木头鸡腿以解饥肠，后来有次正在舔木头鸡腿时被教忠寺一个僧人发现，僧人就认为他偷人家的鸡，四处宣传，败坏他的名声，结果众僧和周围百姓都对他另眼相看，郑侨委屈极了，他发誓烧了教忠寺以解心头之恨，死后葬在教忠寺的后山压住教忠寺的风水。

传说二：教忠寺是作为反清复明的根据地之一，清军发现后被官兵一把火烧光，然后嫁祸给郑侨，满人借此打击汉人的名人，历史考证教忠寺失火属第二种可能性较大（资料来源于 2011 年 5 月 T 村教忠寺主管人访谈）。

由此看来，教忠寺至少在南宋的时候已经存在于此，高阳山下的 T 村境内（确切地说是 d 村境内）。高阳温氏族人原来也并不供奉教忠寺里的诸神，搬迁定居至此之后才开始供奉。这里的信仰与之前高阳温氏族人的宗族信仰并无关联，它既不是局限在高阳温氏族人之间的独特信仰，其信徒也没有独特的祭拜仪式。教忠寺虽然位于 T 村境内，但它却更具开放性和包容性。它的信徒不仅包含了大部分的 T 村村民，而且延伸至其他行政村和小镇。教忠寺最主要的庙会是正月初一，那一天，数百上千的信徒从各地赶来，只为到教忠寺烧香祈福。更有部分极为虔诚的信徒，每个月的初一、十五都会去教忠寺烧香；他们甚至熟记寺里诸神的不同生辰，并在神的生日当天来到教忠寺烧香、为神庆生。

总体上看，T 村非生产性公共物品（宗族性公共物品）的供给主要集中在两个部分：第一，几处公共场所的修建，如祖祠、太祖墓、宗庙（田公元帅和圣母宫殿）、寺庙的修建或者翻修上所花费的公共集资。这些公共集资中，集资的主体是温氏理事会常务委员，集资的对象是 T 村全体村民，甚至扩展到 T 村周边其他县市的温氏村民；第二，T 村中每年例行的几次公共活动时，用于公共活动开销的集资，如"四月十"、冬至祭祖和元宵祭神的公共集资。这几次的公共集资主要是发生在 T 村境内各个自然村落中，集资主体是村落中当年的"头家"，集资对象只限于各个村落内部。在具体各项的集资过程中，我们可以看到，虽然温氏理事会在名义上是几次修建公共场所公共集资的主要组织者，但实际的负责人却是 T 村中各个自然村落的"头家"，特别是涉及 T 村内部集资的情况。由此看来，不论是历史上还是现今，T 村中非生产性公共物品（宗族性公共物品）供给的主要组织者是各个自然村落内部轮流制的"头家"；而这类公共物品最主要的供给主体是村落中的每一户村民。

5.4　T 村生产性公共物品供给

从前文看来，虽然缺乏正式的组织管理，也无政府或外界的资金赞助，T 村中非生产性公共物品却一直处于有序和有效的供给状态。这或许可以归因于 T 村中的非生产性公共物品主要属于宗族性的公共物品，在集资和供给过程中，宗族和信仰的力量起到了不可忽视的作用，但也可能存在某些制度因素保证了这一自我供给的良性运行。这些问题，我们将在后面的章节进一步深入讨论。那么，与非生产性公共物品相比，T 村中生产性公共物品的供给又会是怎样一番景象？

5.4.1　农田水利灌溉

在中华人民共和国成立之前，T 村的 8 个自然村落是相互独立的，村庄的管理是以村落为单位的自治状态。根据访谈资料，每个村落在农田水利的提供和管理上，都采用同一种方式。村落村民以口头协商的方式雇用一位村民为全村的农田"看水"。协商雇佣的过程不存在任何正式的管理组织和相关的制度规定。不过村民在雇佣的时候大概的衡量标准是，受雇者必须是勤奋能干、踏实诚信、人品好以及家中生活条件较为艰苦的。被雇用的"看水"人，必须保证每家每户的农田用水，他的工作主要包括：为农田开水源引水、在水源不通的时候通水渠、避免水源被某一户农民引开而导致其他农田缺水等。而他一年"看水"工作的报酬是在每季农田收割的时候到田间向每一户农家收取若干的口粮。报酬仅是口粮实物，并不领取现金。

中华人民共和国成立以后，全村性的农田水利开始由生产队进行统一管理，由生产队聘请一位村民"看水"。受雇者的工作和报酬大致与中华人民共和国成立前无异，唯一不同的是，雇佣的决定权从村落的全体村民身上转移到了生产队等村干部身上。在很长一段时间内，受雇者仍然是从他所看管的水田的农户那里领取口粮作为报酬。到 20 世纪 70 年代，T 村在"农业学大寨"运动的大背景下，也开始大兴水利工程。主要由生产队组织 T 村全体村民出义务工进行修建农田水渠，任务被分派到每个自然村落，每个自然村落负责修建一段水渠。到改革开放之后，国家陆续拨款给农村兴修农田水利，"看水"人开始转向从村委领取工资。村落的村民很自然地将农田水利供给和管理的任务转交给了村委。目前，T村农田"看水"人每年向村委领取3000元作为一年工作的报酬。

5.4.2 生活饮用水

T村每个自然村落都处于山水之间，有着丰富的天然山泉和地下水。自古以来，T村各个村落的饮用水都来自山泉或地下水。从来没有一个属于全村落公用的水井或水库，至今各个村落的村民仍然是若干户的村民随性组合，一起寻找水源，共建一个公用的水库。每个自然村落平均都有四五个水库/井。自古以来，T村村民就没有形成在一个自然村内统一修建、共用和管理一个水库的习惯，总是三四户左右的村民自主结合共建一个水库，于是在生活饮用水方面，各个自然村落内部形成零散的小团体。据现任的村主任称："这是因为人少了就好商量、便于管理。人一多就复杂了，什么时候由谁来管理水库，这些问题都难以在众多的人中达成协议。"这个情况不管在历史上，还是现如今，都与所有村落统一修路的情况形成鲜明对比。

2009年，在新农村建设项目中，镇政府向每个行政村拨发一定款项，用于新修水库，要确保每个行政村至少修建一个水库。由于经费的限制，T村只在t村（T村下属的8个自然村之一）修建了一个水库。

现任村支书在访谈中谈到，T村刚刚完成新农村建设项目的前一项"路网工程"的任务，新农村建设的下一项任务是"水利网"。估计在2011年下半年就开始启动，国家拨款资助村庄全村性水库的修建与管理。现在，T村已经开始开展水利普查，"水利网"建设即将全面展开。

5.4.3 学校

在中华人民共和国成立之前，每个自然村落都有一个私人所办的私塾，并不存在村民集资兴办的公共学堂。中华人民共和国成立之后，由政府拨款加之村民的部分集资，T村修建了一所公立的学校。但从20世纪90年代开始，随着T村年轻人的外流（外出打工或做生意），T村公共学校逐步流失了村庄的学生（他们大部分随父母到外地求学，或转到更好的学校——镇上的中心小学——就读）。现有少数的学生已不足以支持村庄学校的继续运营，学校大约在五六年前就停办了。所有村庄的适龄儿童陆续转移到镇上的中心小学就读。T村中已经不存在任何公立或私立的学校。

5.4.4 道路

中华人民共和国成立之前，T村的各个自然村大部分还处于高阳及附近的山上，各个自然村周边很难修建起通向外界的道路，唯有蜿蜒盘旋于山间的羊肠小道，就是这样的小村道保证着各个自然村落与外界的联系，确保着各个自然村落之间的交流。这样，唯一通往外界的小村道就显得格外重要。这就是 T 村高阳温氏祖上形成"八月十五修路"的传统，并以口耳相传的形式将这项传统保留至今。T 村各个自然村落的村民对其十分重视，每年农历八月十五这一天，全村落的村民不约而同地带上各种工具对村道进行维修和清理（主要是对村道旁边杂草、灌木丛等的清理）。现在已经无法考证各个村落村民每年在八月十五这一天集体修理村道的传统是源于什么时候。在对村庄村民的访谈中，很多村民称"并不知道源于何时，就是祖上传下来的。大概是在高阳温氏刚迁来时就定下的规矩，然后代代相传"。

中华人民共和国成立后，各个自然村落陆续从山上搬迁至 T 村。虽然 T 村位于山脚，两条溪流贯穿其间，地势较为平坦，但 T 村与其他村庄及内部各个自然村之间仍然被山丘阻隔，要修建道路（比小村道宽，但仍是土质路面），很多情况下需要打通山脉，人力和资金成本都很高。因此，仅仅依靠村民的力量很难修建这样的道路。一开始，村民仍然依照旧办法修建小村道通向外界，不过后来，主要依靠国家、政府拨款，由生产队组织村民投入义务工的方法，修建了村庄中主要的道路和桥梁。这些道路比之前的小村道宽大许多，但仍是土质路面，时间长了，道路沿边仍然会杂草丛生。于是，各个自然村落的村民还是依照传统，在每年农历八月十五集体义务出工去清理村道。

有了这些道路及桥梁，给 T 村村民生活带来了极大的便利。这些道路基本解决了村庄的交通问题，但也存在不少问题，如路基不稳，存在安全隐患；道路是土质路面，极易损坏，雨天常常给村民行走带来不便。这些都是亟待解决的道路问题，也是 T 村村民的现实需求。而铺建水泥路正好可以解决这些难题，一定程度上满足了村民的需求。不过，铺建水泥道路的成本大大超过了 T 村的经济能力，仅仅依靠村庄全体村民的集资根本无法负担铺建水泥道路的庞大费用。正是由于资金的原因，T 村迟迟未能实现道路的水泥硬化。

2004 年，福建省全面启动了"建设万里农村路网工程"项目，当时预计完成时间为 2010 年。政府预计对全省农村道路硬化的总投资超过亿元（福建省公路网），但资金有限，并不是对所有的村庄道路建设都进行财政补贴。有需要的村庄首先必须提交材料进行申请，通过审批之后才能得到政府的财政补贴。具体的补贴方法是，铺建一公里的水泥路，可得到 14 万元的政府财政补贴。这项工程与政策对于 T 村的道路硬化正是一个千载难逢的好机会，T 村干部也积极提交申请。申请成功的条件之一是，道路硬化项目在申请的村庄必须要有可行性。因为，政府的财政补贴并不涵盖实际工程的全部投入资金，有大约 1/3 或一半的费用需要依靠村庄财政或力量的投入。在对现任 T 村村支书（连续担任 T 村村支书二十多年）的访谈中，他说道：

> 那几年刚好国家有这个项目，很难得的机会，在 03 年，要是我们不做，也会被别人做了。我们现在永泰、福州等地开老乡会进行集资，家里有些大户也很支持，像永旺出了 5 万，还有其他出一万多的。家里（福州）这边集资不够了，再出去上海等地筹资。政府拨款不够啊，一公里水泥路才拨 14 万，水泥路一公里要 23.5 万，这样每公里就差了 9.5 万（资料来源于 2010 年 8 月　T 村书记访谈）。

于是，2003 年 T 村村支书带领其他村干部开展向 T 村所有村民进行筹资的工作，积极准备申请行政村道（T 村通往镇上的村道 T，并非自然村之间的村道）的道路硬化项目。根据政策，2003—2005 年，主要是申报村道项目，只有行政村与行政村之间的村道才可以申报；2006—2009 年开展自然村道硬化项目，可以申报自然村内部的道路硬化项目。T 村村书记带领村干部分别在 2003 年、2004 年、2005 年，争取到了 T 村通往周边不同行政村的三条主村道的硬化项目。项目政府每公里拨款 14 万元，其余不足部分都由村干部动员村庄村民集资。三次修路，村干部分别组织部分村民（wbx 等人），不仅向一般村民集资，还前往福州、上海和常州等地，向 T 村在外经商的生意人筹资。

2003 年，村部到镇上的行政村道（T），由 T 村村干部组织向全体 T 村村民集资。集资大约 20 万元，但主要是向在外经商的生意人筹资，村民没有分摊，自愿捐资的也不多（资料来源于 2010 年 8 月 T 村书记访谈）。

2004 年，自然村落 t 到 d①桥头的村道（t），由村干部委托给 t 村村民 wbx（同时也是之前筹资修建圣母宫殿和佛宫的组织者）向 t 村村民集资，每户出资 100 元，300 户，大约 3 万元，后来再向在外经商的人集资大约 4 万多元，总共集资 7 万多元。这里，t 村村民的分摊每户 100 元，大约百分之八十几的村民都自愿捐资了（资料来源于 2011 年 4 月 T 村村民 wbx 访谈）。

2005 年，自然村落 d 到 b 的村道（d），由 T 村村干部组织向 d 村村民筹资。d 村村民（住在路边的这一片区）每户出 300 元，100 户，也只有集资 3 万元，其余的向生意人集资 2 万多元，最后大约总共集资 5 万多元。这里，d 村村民的分摊每户 300 元，大约只有 30% 的人自愿捐资（资料来源于 2011 年 4 月 T 村书记访谈）。

2004 年，自然村落 z，由该村落的村民 wyf 组织动员集资修建 z 到 d 的水泥路（z），共集资二十几万元，先由 wyf 组织向 z 村村民集资，所有村民自愿出资，最终筹得十几万元，剩下不足的十万元左右全部由 wyf 捐资。自然村落 z 中的村民 wyf 是 T 村中最早一批走出村庄、到经济市场中打拼的生意人，由于他的勤奋和经营有道，目前他已经成为 T 村中的首富。wyf 是 T 村中公认的经济精英，虽然他常年在外做生意，生活圈子已经逐渐外移，但他对 T 村的公共事务一直抱有很高的热情。

虽然几次道路的集资，主要的捐资力量在于 T 村在外经商的生意人、有钱人。但我们仍然关注 T 村中各个村落的村民在面对集资时候的态度及行为。他们是否合作、积极捐资？不同村落遭遇的具体情况有何不同？有意思的是，d 村村民的捐资意愿及行为与 t 村大为不同。d 村是由村干部组织动员村民捐资，村民表现出了明显的不合作态度，主动捐资的大约只有 30% 的村民，有的虽然也捐了，可是事后又对此进行非议，表示对村干部管理资金的不信任。t 村是 wbx 和 cjj 共同组织和动员向村民集资，他们都不是村干部，只是受村干部委托的筹资者。同样是向一般村民集资修路，t 村 90% 的村民都自愿合作捐资。而 wbx 不仅

---

①　这里的"t"、"d"等都是 T 村自然村落村名的缩写和代称。T 村具体的自然村落分布图参见附录 1　T 村地图中的图 2"T 村自然村分布图"。

是此次筹资的组织者，他还曾在 1999 年组织动员村民集资修建佛宫、2001 年组织村民集资修建圣母宫殿。

5.5 非正式组织与村庄公共物品供给

T 村丰富活跃的公共生活，离不开必要的公共物品供给做保障。首先是村庄公共活动所需要的公共空间，如祖祠、宗庙和寺庙等；其次，村庄公共活动需要一定的公共资金，如每年例行的"四月十"、冬至祭祖和元宵祭神等活动开展前的集资。我们将这一类型的村庄公共物品归类为非生产性公共物品，或因为其大部分与宗族事务相关，可称为宗族性公共物品。通过考察，我们发现在祖祠、宗庙等的修建过程中，虽然临时成立的温氏理事会起到了一定的组织带头作用，但在具体的筹资过程中，实际的筹资者是 T 村各个村落轮流制中的"头家"，集资的对象主要是村中的每一户村民；而在每年例行公共活动的集资中，筹资者一定是各个村落轮流制中的"头家"，集资的对象是各个村落中的每一户村民。所以总的来说，T 村中宗族性的公共物品供给主要依靠各个村落中的"头家"组织，由村庄的每一户村民捐资而得。

T 村中非生产性/宗族性的公共物品供给并不是我们要考察的村庄公共物品的全部。我们还要将研究扩展到对 T 村生产性公共物品供给的考察上。比如村庄中的农田水利灌溉、生活饮用水、学校和道路等的供给情况。回溯 T 村生产性公共物品供给的历史和现状，我们发现大部分的生产性公共物品因为耗资较大，而主要依靠政府财力的支持。无论历史上 T 村的农田水利的看管、生活饮用水、学校和道路等如何依靠村庄自己的力量供给，但到目前为止，村庄已经无力再支撑这几项公共物品的开销。农田水利、生活饮用水、学校这三项公共物品或由国家政府承担，或已经放弃，T 村的村民也不再参与供给。只有道路修建这一项依照"公办民助"的原则，T 村村民在这一项公共物品供给中的参与率依然很高。

对个案村庄的公共物品供给情况做了全面的梳理后，我们发现，T 村公共物品供给中并不存在严重的"搭便车"现象，没有严重的集体行动或合作的困境影响村庄公共物品的有效供给。而在供给合作中，似乎也看不到用于促成集体合作的博弈规则或正式的制度安排。村庄公共物品供给中，不存在私人企业的介入提供，国家政府的介入也十分有限。最有意思的发现是，不论是村庄中的非生产性/宗族性的公共物品供给，还是生产性的公共物品供给，都离不开村庄中非正式组织的支持，如带有一定宗族性的"头家"对宗族性公共物品供给的组织以及以自然村为单位的民间自发组织修路等。在所有的公共物品供给项目中，国家和政府等正式组织的介入程度十分有限。一些学者很早就发现中国政府对村庄公共物品供给的资金投入不足的问题（O'Brien，1994；Cai，2000），美国学者Lily Tsai曾就这个问题做过大量的田野调研，她通过田野调研发现，中国各地的地方政府（主要指县镇一级政府）很少会将公共资金投入农村的公共服务上。村庄中的村道修建、水利灌溉和学校等公共项目主要都是由村庄财政提供，县镇一级的政府很少关注到农村的这些公共服务。可能的原因是，村庄中的这些公共项目无法为当地的工业和经济带来多少效益；同时，现有的制度安排（绩效考核和升迁制度等）仅仅激励着政府官员致力于可量化计算的目标达成。村庄的公共物品只能由村庄资金承担，然而村庄又常常缺乏公共资金。因此，有些村庄可能依赖于税收中的"三提五统"，或千方百计地向上级政府申请拨款赞助；另一些村庄则只能依赖于村庄中的村庙、宗族等社会团体/制度的集资为村庄提供公共服务（Tsai，2002）。通过以上的分析，我们发现我们的村庄个案正是Tsai的研究结论的一个有力论证：县镇一级的政府对T村公共物品供给的投入十分有限，村庄中大部分的公共物品供给只能靠村庄财政提供。然而，T村的经济水平低下，极其缺乏村庄公共资金。在税费改革之前，村庄的公共物品供给可能依赖于税收中的"三提五统"，但随着农村税费改革后这一渠道也只能放弃。村干部一方面千方百计地向上级政府申请资金赞助，另一方面也需要紧密地依赖于村庄中的村庙、宗族等非正式组织的集资来为村庄提供公共物品。

在正式组织缺失的情况下，社会可以自主发展出不同类型的非正式组织来履行正式组织的功能，这个观点早已是社会学界的共识。倪志伟等人发现，在完整的私有产权制度缺失的情况下，中国农村地区的非正式产权得到地方社会规范的支持，并使其成为正式产权的一种有效的替代选择（Nee、Su，1996）；格雷夫对中世纪北非商人的研究发现，在没有正式国家规范制约的情况下，他们以群体网络的声誉为基础，发展出一套诚信机制进行长途贸易（Greif，2006）。我们探讨村庄中的非正式组织与公共物品供给情况，实际是在探讨中国农村社会中非正式组织的绩效表现问题。近几年，已有学者通过实证研究，对这一问题进行相关分析（Peng，2004；Tsai，2002，2007a，2007b；彭玉生，2009）。彭玉生指出，在一个正式产权制度缺失的框架中，宗族组织作为中国农村地区一种独特的社会网络类型，为农村地区非公有经济的发展提供了有效的保护（彭玉生，2004）；如果非正式组织与正式组织的规范发生冲突，非正式组织所具有的社会网络规范力会增加正式制度的执行成本，从而降低其效力（彭玉生，2009）；Tsai 则结合实证案例，分析了如何将地方性（村庄）的社会制度/非正式制度运用于正式的治理之中。她的研究表明，在一些单姓宗族村中，村庄中的宗族仪式、规范或村庙管委会等为村庄提供了广泛而紧密的社区交往网络，村干部往往通过利用这些网络和规范为村庄提供公共服务。紧密的社区网络可能让村干部无法开展各种乱收费活动，但是参加村庄宗族活动越多、越活跃的人，越倾向于在村庄公共项目集资中积极地捐资。其中可能的原因：一是来自村庄的舆论压力，不捐资将会被其他村民视为"搭便车者"；二是村庄常常采用一些激励机制，如以公开栏或立碑的方式呈现不同村民在公共项目中的贡献等。由此，许多村庄常常借助于村庄中活跃的社团组织/非正式组织，为村庄公共项目组织集资活动。强有力的村庄社会团体/制度为村干部在提供公共服务中大大节省了时间、资金和各种组织资源（Tsai，2002）。

T 村中各种宗族组织和民间的非正式组织对村庄公共物品供给的参与亦是对村庄正式组织供给功能的一种替代。特别是在村庄原有的历史上，从未发展起任何正式的组织负责对村庄公共事务的治理。数百年来，不论是村庄中宗族性的还是生产性的公共事务全部依赖于村庄中自发生长的非正式制度，即"头家轮流制"和各种非正式的组织形式。虽然在中华人民共和国成立之后，国家权力在村庄社会中的有力渗透，很大程度上破坏了村庄原有的自组织秩序，但在 1978 年改革开放之后，宗族力量在全国各地又快速地复兴（王沪宁，1991；徐扬杰，1992；庄孔韶，2000）。随之，一系列原被取消的行为，如祭祖、修缮祠堂、编修族谱等活动也得以恢复（冯尔康，2005）。在这样的大背景下，作为单姓宗族村庄的 T 村也快速恢复了村庄原有的各项传统公共活动，如

"四月十"、"八月十五修路"、"冬至祭祖"和"元宵祭神"等。在这个过程中，T村又逐渐重拾了原有的各项非正式组织形式和非正式制度，如"头家轮流制"等。所以，对T村公共物品供给情况的考察，始终绕不开村庄中自发生长的各项非正式制度。

5.6　本章小结

无论是公共选择理论中的"囚徒博弈困境"、奥尔森的集体行动困境还是奥斯特罗姆的公共事物的治理困境，都暗含公共物品供给中极易出现"搭便车"现象的假设。在这样的理论背景下，促成集体合作与公共物品的有效供给是具有挑战性的。对此，已有的理论分别给出了不同的解决方案，或者依赖于博弈规则与情境的设置（包括"针锋相对"、"超级博弈"、惩罚以及小集团化等），或者依赖于全新的正式制度的设计与安排（包括企业理论、国家理论或奥斯特罗姆的自主治理的制度设计）。在这样的理论框架下，我们对T村的公共物品供给问题进行研究，试图了解T村在公共物品供给中是否出现了理论假设的集体行动（合作）困境问题？这样的问题是否影响了T村公共物品的有效供给？

我们在考察T村公共物品供给时，首先对村庄的公共物品做了简单的分类，分为非生产性/宗族性公共物品和生产性公共物品两类，并分别对其供给历史和现状进行论述。我们发现，国家政府对于村庄公共物品供给的资金投入十分有限，村庄只能依靠宗族和民间力量提供公共物品，但这样的现实并未给T村公共物品供给造成巨大挑战。在缺乏促进集体合作的博弈规则和正式制度安排的情况下，T村仍然实现了公共物品的有效供给。我们进一步发现，不论是T村中生产性/宗族性还是非生产性的公共物品供给始终离不开村庄原有的非正式组织形式，由此，在考察T村公共物品的供给问题中，我们将继续讨论村庄中自发生长的各项非正式制度与村庄公共物品供给之间的关系问题。

同时，我们发现T村中生产性和非生产性这两类公共物品的供给并非完全独立的两个事件。我们可以看到，近年来T村大规模地修建水泥道路刚好发生在村庄成立温氏理事会、并修建祖祠、宗庙等之后。在非生产性公共物品供给的集资中所运用到的动员力量，同样被延伸到随后修路集资的动员中（如 wbx 先于 1998 年和 2001 年带头筹资修建佛宫和圣母宫殿，随后的几次修路筹资，村干部都委托 wbx 一同带头筹资）。更重要的问题是，在村庄生产性公共物品供给中，农田水利的看管、生活饮用水、学校和道路，同样都经历了中华人民共和国成立前由 T 村村民自行供给和中华人民共和国成立后国家力量的介入，但是为什么现如今，"公办民助"的原则（即公共物品供给的资金由国家出资大部分，剩余不足的部分发动村民自愿参与捐资）只有在修建水泥道路中践行成功？换句话说，为什么 T 村村民在修建水泥道路集资的参与率大大超过了他们在农田水利、生活饮用水供给以及修建学校集资的参与率？这些问题将有待于我们进一步的分析和探讨。

第六章　T村的非正式制度与
公共物品供给(上)
——"头家轮流制"与村庄非生产性公共物品供给

在前面几个章节的论述中,我们对T村有了一个较为清晰的了解。总体上讲,T村是一个较为典型和传统的中国南方村庄。村庄以古老的精耕细作式的农业生产为主,因地处偏僻的山区、交通不便,而缺少与外界的频繁交流。即使到了20世纪90年代,在改革开放和市场经济的大浪潮下,部分T村村民开始走出村庄,外出务工或经商,逐步带动更多的T村人口的流出,但至今仍然少有外来人口流入T村。有限的人口流动使得T村至今保持着淳朴的民风,T村村民在日常生活和生产中,仍然延续着古老的传统。这意味着我们在T村中随处可见"传统"的烙印。更重要的是,T村是典型的单姓宗族村庄,特有的温氏宗族文化早已渗透到村庄的生产和生活中,也在很大程度上影响着村民的社会行为。

由于T村明显的宗族性特征,丰富而活跃的各项集体性的传统宗族活动和习俗构成了村庄村民的公共生活。同时,村庄公共生活的有序开展离不开相应的公共物品供给做保障。由此,我们从第三章讨论T村的宗族特性,延伸到第五章探讨T村中各项公共物品的供给历史和现状。不过,在第四章中,我们在制度分析的框架下考察T村中围绕宗族而展开的各项传统习俗和活动,发现村庄中并不存在任何一种正式制度来保证这些传统习俗和活动的有效延续;相反,我们却在各项传统习俗和活动的具体组织和实施中发现了大量非正式制度的存在(参见本书第四章)。换句话说,T村中特有的各项非正式制度在很大程度上影响着村庄的公共生活,甚至我们可以隐约看到正是这些非正式制度的存在保证了T村公共生活的有序和有效开展。如果说T村中特有的各项非正式制度是村庄公共生活最主要的维系纽带，那么，我们是否也可以将这些非正式制度当成 T 村各项公共物品有效供给的分析路径之一？这是本章试图探讨的主要内容。

从理论渊源上看，早在诺斯之前，已有制度学派的学者对非正式制度做过相关探讨。凡勃伦认为，制度实质上是个人或社会对有关的某些关系或某些作用的一种思维习惯（Veblen，1899：139），是人们所共有的现存的思维习惯（Veblen，1919：239），它包括惯例、习俗、行为规范、权利和财政的原则（Veblen，1914：49）；康芒斯则在探讨制度中所包含的习惯要素中指出："习惯的固有威力是其预期的安全性，群体中重复的行为会导致每个个体形成有关未来的稳定预期，在一定程度上，这也必然使个体服从大多数人的行为方式。"（Commons，1924：301）从凡勃伦和康芒斯的论述中，我们可以看到，早期制度学派学者对制度的论述已经包含了非正式制度的成分，已从理论上重视起非正式制度。但直至诺斯正式提出"非正式制度"这一概念之后，学术界才开始重视起对非正式制度的实证研究，而不仅仅停留于理论层面的探讨。

对于非正式制度的实证研究，国内外学者关注最多的是，通过实证研究以探讨"正式制度与非正式制度之间的关系"问题（如 Ellickson，1991；Greif，2006；Hechter、Opp，2001；Huang，1996；Nee 、Ingram，1998；Nee、Swedberg，2005；North，2005；Posner，2000）。这些学者从不同的视角研究正式制度与非正式制度之间的关系。有的关注非正式制度如何为正式制度提供合法性基础（North，2005）；有的关注日常社会交换中的非正式制度如何容纳了正式法律的执行成本（Ellickson，1991）；有的关注非正式产权对正式产权制度的替代作用（Nee，1992；Nee、Su，1996；Peng，2004）；狄西特也曾用博弈论模型探讨了在产权法和合同法缺失或薄弱的环境下，对法治的各种替代办法，其中包括以社会关系为基础的治理方式。他的研究表明，非正式治理的有效性与群体规模的大小成反比关系（Dixit，2004）；还有学者讨论了非正式制度与正式制度发生对立冲突时，会产生怎样的后果（彭玉生，2009）。

社会学对于非正式制度的研究和分析中，意识到社会关系网络对维持非正式规范的功能（Coleman，1990；Nee、Ingram，1998）。由此，国内外学者对非正式制度的研究，进一步将其扩展到讨论基于熟人社会或宗族之上的社会关系网络与非正式制度之间的关系。彭玉生的研究指出，社会网络能通过执行非正式制度而影响经济发展（彭玉生，2004；2005），尤其是，在一个正式产权制度缺失的框架中，宗族组织作为中国农村地区一种独特的社会网络类型，为农村地区非公有经济的发展提供了有效的保护（Peng，2004）；蔡晓莉则结合实证案例，分析了如何将地方性（村庄）的社会制度，即非正式制度，运用于正式的治理之中。她的研究表明，在一些单姓宗族村庄中，村庄中的宗族仪式、规范或村庙管理委员会等为村庄提供了广泛而紧密的社区交往网络，村干部往往通过利用这些网络和规范为村庄提供公共服务（Tsai，2002）。

由此，我们看到，虽然学术界对非正式制度问题的实证研究不在少数，但只有蔡晓莉的研究是在非正式制度的理论框架下分析了中国村庄公共物品的供给问题（Tsai，2002；2006；2007a；2007b）。蔡晓莉结合定性访谈、定量调研及统计分析的研究方法，研究中国农村的公共物品供给问题。她的案例研究表明，即使正式责任制度很薄弱，非官方惯例和规则的约束仍然能够促使当地官员设立并履行其公共责任。而这些非正式责任制度由特定类型的连带团体提供并在全社区发挥其道德权威，由此促进村庄的公共物品供给（Tsai，2002）。基于诺斯的非正式制度理论，本文同样将在非正式制度的框架下研究一个个案村庄的公共物品供给问题。然而，与蔡晓莉的研究不同，本研究并不把关注点放在村庄公共物品供给的组织者或官员身上，而关注的是村庄中自发生长的非正式制度，是否对村民个体在村庄公共物品供给中的参与行为产生影响？从而，最终影响着村庄公共物品的自我供给。

在对T村公共物品供给的探讨中，我们将村庄各项公共物品简单划分为非生产性/宗族性公共物品和生产性公共物品（参见第五章），同样地，我们将探讨T村中不同的非正式制度在非生产性公共物品供给和生产性公共物品供给中分别起到怎样的影响作用。在这一章中，我们先来讨论个案村庄中的非正式制度对村庄非生产性公共物品供给的影响作用。

6.1 T村的非正式制度与非生产性公共物品供给

总体上看，T村非生产性公共物品（宗族性公共物品）的供给主要集中在两个部分：第一，几处公共场所的修建，如祖祠、太祖墓、宗庙（田公元帅和圣母宫殿）、寺庙的修建或者翻修上所花费的公共集资。这些公共集资中，集资的主体是温氏理事会常务委员、集资的对象是T村全体村民，甚至扩展到T村周边其他县市的温氏村民；第二，T村中每年例行的几次公共活动，用于公共活动开销的集资，如"四月十"、冬至祭祖和元宵祭神的公共集资。这几次的公共集资主要是发生在T村境内各个自然村落中，组织集资的主体是村落中当年的"头家"，集资对象只限于各个村落内部。在具体各项的集资过程中，我们可以看到，虽然温氏理事会在名义上是几次修建公共场所、公共集资的主要组织者，但实际的负责人却是T村中各个自然村落的"头家"，特别是涉及T村内部集资的情况。由此看来，不论是历史上还是现今，T村中非生产性公共物品（宗族性公共物品）供给的主要组织者是各个自然村落内部轮流制的"头家"；而这类公共物品最主要的供给主体是村落中的每一户村民（参见本书第五章）。

6.2 "头家轮流制"

我们看到，T村中自发生长的"头家轮流制"，在村庄非生产性公共物品的有效供给中起到了最关键的作用。我们首先来回顾一下T村特有的非正式制度"头家轮流制"具体的实施过程。在第四章"T村的公共生活及其非正式制度"中，我们详细介绍了村庄中每一项集体的传统活动和习俗的实施过程。其中，我们可以总结出，"头家轮流制"被运用到几项与村庄宗族相关的活动中，如每年例行的"四月十"、冬至祭祀和元宵祭神活动。

在这几项活动中，"头家轮流制"可以被解读为两层含义：首先，在自然村落层面，"头家轮流"是指在T村8个自然村落之间，每年/次由一个村落充当"头家"，并依次在8个村落之间轮流。这意味着这里的"头家"是指某个自然村落，每年/次只有一个村落充当"头家"，而轮流制的实行使得每个村落都有机会被"轮到"充当某一年/次的"头家"。这一层含义的"头家轮流制"被运用在T村每年例行的冬至祭祀中。每年只需要一个村落充当"头家"，并负责组织这一年冬至祭祀祖祠和太祖墓等所有活动，其余村落一概不需要参与这一年温氏祖祠和太祖墓的祭祀活动；这一层含义的"头家轮流制"还被运用在每年的"四月十"和元宵祭神分别在8个自然村落中轮流举办。每年例行的"四月十"和元宵祭神在T村并不是统一在一天举办，而是先后在8个自然村中轮流举办（具体参见第四章）。比如，"四月十"或元宵节的第一天在b村落举办，这一天即由b村落充当"头家"；在b村举办结束后，按照轮流制，第二天轮到g村落，如此依次在T村8个自然村落之间轮流举行。虽然这层含义中的"头家"由一个村落充当，但冬至活动的具体组织者并不是该村落的全体村民。而是由该村落中这一年的"头家"负责，组织本村落村民参与活动。这就延伸出"头家轮流制"的第二层含义：在每个自然村落内部。这里的"头家轮流制"是指在每个村落内部，每年由若干户村民（一般是四户）组成"头家"，负责该村落一年中所有宗族活动的组织以及相关事宜。每4户村民自由组合成一组，每个村落内部分成若干组，并登记在册。然后根据轮流制，"头家"在每个组之间轮流，每一年由一个组充当"头家"，再根据册簿依次轮流。所以，这里的"头家"即是村落内部具体的四户村民，一般由每户的户主组成。

为了更加清晰地了解"头家轮流制"在两个层面上的运作模式，我们使用两个简单的路径模型做直接的呈现：

模型I，"头家轮流制"在自然村落之间的轮流次序如下：

w村→z村→t村→tgl村→y村→d村→g村→b村

具体来说，T村包括8个自然村落，代号分别为w、z、tgl、t、y、d、b和g村（具体参见附录1图2）。模型I是这8个自然村在各自举办"四月十"、冬至祭祖以及元宵节活动的轮流次序，每次由一个村落作为"头家"举办相关活动。每一年的三个节日活动都以这样固定的次序轮流，在8个自然村之间开展。换句话说，"四月十"与元宵节活动每年在T村总共会开展8次活动，每次活动由轮到的自然村作为"头家"承办。而冬至祭祖，每年由轮到的一个自然村作为"头家"，负责这一年冬至的祭祖活动，每个自然村每过 7 年才会轮到一次负责温氏的冬至祭祖活动。因此，这里的"头家"是某个自然村。一位被访者对这样的轮流次序做了解释：

> 这样的轮流次序是祖上留传下来的传统惯例，没有特殊情况，一般不会变动次序。这样的安排主要是出于路线上的便利考虑，依次的都是邻近的村落，便于送神与接神。每年的元宵节也是这样，在各个自然村轮流举办，这样便利于每个村的供奉与祭拜。元宵节的送神、接神也是这样的顺序轮流。（2011 年 4 月 T 村村民温氏访谈）

模型 II，"头家轮流制"在某个自然村内部的轮流次序如下：

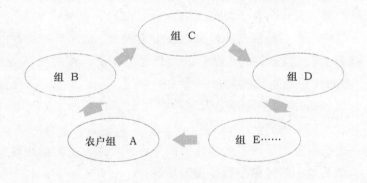

首先将某个自然村内部所有的农户随机组合成若干组 A、B、C、D……也可以自愿组合，一般 4 户村民为一组，组与组之间按照一定的次序轮流，每年由一组作为这个自然村今年的"头家"，负责这一年的"四月十"、冬至祭祖和元宵节的一系列相关的公共事务，包括集资、筹备和承办所有活动的开展。这里的"头家"则是这个自然村内部随机组合的农户组合 A 或 B 或 C 等。虽然这里的农户组合是随机或自愿任意组合，但因为长期以来的组合惯例，已经让这些组合固定化了。村民说："哪几家组合一起当头家，那都早就固定好了，不说大家心里都明白，每年都固定这几家一起、那几家一起，轮流的次序大家也都心知肚明，今年我们当完'头家'了，明年的下一任的'头家'自动接上，这都是很明白的事了。每年都这样轮流（哪几家组合一起，轮流次序如何），大家都已经记得很清楚了，我们甚至连个记事的本子都不用。"（资料来源于2011年4月　T村村民访谈）

不可否认的是，"头家轮流制"是T村村民集体智慧的结晶。但事实上，"头家轮流制"并非T村村民的独创。已有的相关经验研究发现过类似的"轮流制"制度的应用。最具代表的是奥斯特罗姆的研究发现。她在研究公共池塘资源的自主组织与治理的案例中，就发现了轮流制度普遍应用于西班牙巴伦西亚的韦尔塔的灌溉系统中（奥斯特罗姆，2012）。在巴伦西亚韦尔塔的灌溉系统制度被称为"土诺"（tumo）制度，这个制度通过一个复杂规则驱动的用水制度把水分配给特定的农户。每个支渠道按它和其他支渠道的关系放置在一个轮换表中。每个支渠道旁有一个农场，按一个固定的次序——从渠道发端的支渠开始，到渠道尾端的支渠结束——依次取水（奥斯特罗姆，2012：86）：

　　当水在支渠流动时，要灌溉的农民便轮流取水，通常的次序是从渠道口到渠道尾。当轮到一位农民时，他就开闸取水，没有任何时间上的限制；他根据所栽种的作物，确定对水的需要。唯一的限制是不能浪费水。如果一位农民在水到来时未能及时打开进水闸门，他就失去了这一轮的机会，必须等到下一轮才能取水。当一个支渠按次序运作时，所有想在特定时间取水的使用者在未轮到时是不能取水灌溉的。当水返回时，新的一轮将从前一轮结束的地方开始（Maass and Anderson，1986：28）。

奥斯特罗姆分析认为，"土诺"制度的基本要求是：第一，灌溉者取水的次序是固定的；第二，只要水不被浪费，每个农民可以自己决定取水的量。最关键的是，这样的一种轮流制度实施的监督成本极低，使得这一灌溉制度有效地自我实施。她分析道：

　　在韦尔塔，监督水平已经很高。在一个缺水并具有风险的环境中，许多诱惑驱使人们不按次序取水或以某些方法获取不合法的水。当快轮到一位农民取水时，他通常在靠近渠道的一端照管他的田地，这样他才能在水到来前做好开闸的准备；如果未做好准备，他就会失去这一次机会，必须等到下一轮才能取水。在等待时，他很容易看到那些在他前面取水的人正在做什么，也能看到他支付薪水的渠道巡查员们正在做什么（奥斯特罗姆，2012：87—88）。

由于所使用的规则作用，在许多长期存续的公共池塘资源中，监督成本是低的。例如，轮流灌溉制通常会使两个最关注欺骗行为的人直接接触，对彼此交往中的欺骗行为进行监督。排在一轮将要结束位置上的灌溉者总想延长他这一轮的时间（这也就增加了他的取水量），但他下一轮的灌溉者会在附近等待他的结束，甚至希望能提早开始他自己这一轮的进水。第二个灌溉者的存在阻止了第一个灌溉者延长时间的企图，第一个灌溉者的存在阻止了第二个灌溉者提早开始的企图。在这里，双方都没有在监督活动中投入附加的资源，监督成为他们最大限度地利用自己的取水机会这一强烈愿望的副产品。在阿兰亚实行的渔场轮换制度也具有同样的特征：欺骗者可以被那些在特定时间和场所最想阻止欺骗者的人以很低的成本所发现（奥斯特罗姆，2012：114—115）。

T村的"头家轮流制"与巴伦西亚的灌溉轮换制度以及阿兰亚的渔场轮换制度十分类似，但又存在许多差异。我们共同探讨的是制度及其效用，所分析的问题当中必定存在许多相同之处。但我们研究的问题不同，也必然导致差异。首先，我们分析的是公共物品供给问题，有别于奥斯特罗姆研究的公共池塘资源治理问题。这两个问题最大的区别在于，公共物品的问题主要集中在供给问题上，而公共池塘资源问题不仅存在供给问题，更重要的是对公共资源的占有和分配问题。而奥斯特罗姆对巴伦西亚的灌溉系统与阿兰亚的渔场轮换制度研究主要集中探讨公共资源的分配与占有问题，并非研究供给问题（奥斯特罗姆，2012）。其次，很重要的一个问题是，奥斯特罗姆研究的灌溉轮换制度和渔场轮换制度是一种正式制度，而我们研究的T村的"头家轮流制"显然是一种非正式制度。

为了进一步比较T村的"头家轮流制"与奥斯特罗姆研究案例中的

轮换制度，我们需要先了解奥斯特罗姆的分析结果。奥斯特罗姆在研究分析了许多案例后，归纳和总结了各种有效的公共池塘资源制度的设计原则。当然，她所指称的有效的公共池塘资源制度，其中包括了巴伦西亚的灌溉轮换制度与阿兰亚的渔场轮换制度。她正是在这些有效制度案例的基础上归纳和总结了有效制度的八项设计原则（奥斯特罗姆，2012：108），参见表6-1：

表6-1　　　长期存续的公共池塘资源制度中所阐述的设计原则

1	清晰界定边界 公共池塘资源本身的边界必须予以明确规定，有权从公共池塘资源中提取一定资源单位的个人或家庭也必须予以明确规定
2	占用和供应规则与当地条件相一致 规定占用的时间、地点、技术和（或）资源单位数量的占用规则，要与当地条件及所需劳动、物资和（或）资金的供应规则相一致
3	集体选择的安排 绝大多数受操作影响的个人应该能够参与对操作规则的修改
4	监督 积极检查公共池塘资源状况和占用者行为的监督者，或是对占用者负有责任的人，或是占用者本人
5	分级制裁 违反操作规则的占用者很可能要受到其他占用者、有关官员或他们两者的分级制裁（制裁的程度取决于违规的内容和严重性）
6	冲突解决机制 占用者和他们的官员能够迅速通过成本低廉的地方公共论坛来解决占用者之间或占用者与官员之间的冲突
7	对组织权的最低限度的认可 占用者设计自己制度的权利不受外部政府权威的挑战
8	嵌套式企业（nested enterprises） 将占用、供给、监督、强制执行、冲突解决和治理活动在一个多层次的嵌套式企业中加以组织

　　表6-1是奥斯特罗姆对不同公共池塘资源自主治理的案例中进行研究和分析后，总结与归纳的关于有效制度设计的八项原则。巴伦西亚

的灌溉轮换制度与阿兰亚的渔场轮换制度，是众多案例中成功的两个案例，自然都具备并完全符合以上全部的八项设计原则。而 T 村的"头家轮流制"是自发生长的非正式制度，并非经过人们的有意设计，必然无法全部符合奥斯特罗姆的有效制度的八项设计原则。由此，我们进一步比较 T 村"头家轮流制"与奥斯特罗姆研究案例中的轮换制度之间的异同。我们也制作表格呈现两者的异同，如表 6-2：

表6-2　　T 村"头家轮流制"与奥斯特罗姆研究案例中轮换制度的异同

制度	T 村的"头家轮流制"	巴伦西亚的灌溉轮换制度与阿兰亚的渔场轮换制度
不同点		
制度来源	经过人们长时间的互动、无意识地自发形成	经过正式管理委员会有意识地制定形成
制度性质	非正式制度	正式制度
制度的制约对象	公共物品的供给者	公共资源的占用者
是否完全符合八项设计原则	不完全符合	完全符合
相同点		
监督	自我监督，成本低	自我监督，成本低
是否具备嵌套式单位	是（村落之间与村落内部大、小结构相互嵌套）	规则的宪法、集体选择与具体操作三个层次相互嵌套
制度绩效	有效	有效

表6-2 清晰地区分了 T 村的"头家轮流制"与奥斯特罗姆研究案例中的轮流制之间的异同点。两者之间的差异不少，它们在制度来源、制度性质、制度的制约对象以及制度设计的原则上都存在差异，但从经验来看，两者却都是行之有效的制度。或许我们可以从两者的相同点里找到解释的原因。

第一，自我监督。以上我们已经看到奥斯特罗姆对其研究的巴伦西亚的灌溉轮换制度与阿兰亚的渔场轮换制度中的监督机制做了详细的讨论：

　　　　在这里（巴伦西亚的灌溉系统中），双方都没有在监督活动中投入附加的资源，监督成为他们最大限度地利用自己的取水机会这一强烈愿望的副产品。在阿兰亚实行的渔场轮换制度也具有同样的特征：欺骗者可以被那些在特定时间和场所最想阻止欺骗者的人以很低的成本所发现（奥斯特罗姆，2012：115）。

而在 T 村的"头家轮流制"中，我们同样看到监督的自我实施，并且是低成本的实施监督。"头家轮流制"本身是一种非正式制度，并不存在任何正式的组织实施，因此也就不存在外在的任何正式组织对制度实施的监督问题负责。"头家轮流制"的监督通过以下过程完成：首先，在自然村落的轮流次序之间，考虑到请神、接神与送神的便利，轮流的次序与路线是相对固定的（参见模型 I），这是长期的经验积累、已被所有村落认可接纳的最佳路线。在不发生意外的情况下，不会轻易改变村庄轮流次序。

因为轮流次序的变化意味着请神、送神与接神路线的改变，这不仅给排在前后次序的村落带来不便，比如不相邻的村落在接神、送神的时候就要走更远的路程。更重要的是，每个村落每年过四月十、元宵的日期都已经固定了，村民不愿意轻易改变为神明举办庆典的日期，这对神明是一种不敬，虔诚的 T 村村民无论如何也不愿意承担风险（资料来源于 2011 年 5 月　T 村村民访谈）。

这也意味着，每个村落必须严格按照轮流的次序、每年在相对固定的时间为神明举办庆典活动。没有任何村落可以逃避作为"头家"的责任；其次，在自然村落内部的"头家"也面临全面的监督。"头家"轮流的次序不像村落之间那样受固定路线的制约，但作为全村落一年的宗族活动的负责人，其筹资、筹备和举办村落宗族活动的职责却备受关注。

在"四月十"与元宵节中，这一轮的"头家"对筹集公共资金、请神、准备祭拜庆典用的供品、香烛等物资以及送神活动的安排等各个环节全面负责。"头家"应确保整个活动的顺利开展、隆重举办，这是村民对"头家"最基本的期待。如果今年活动办得不好，大家是会议论甚至指责的。最重要的还在于，所有活动的开支来自于"头家"向全村村民的公共集资，以户为单位，每户出资100元或150元左右。以 d 村为例，每年"四月十"的花费在一万多元，元宵节的也是一万元左右。每次活动结束，"头家"必须第一时间在村里公共厅堂算账。有一本公共账簿，这一次的活动总共花销多少，每一笔都得详细记录。公共资金剩余多少，也应该翔实计算记录（一般都会剩余，不会出现资金不足的情况）。多余的公共资金连同账簿一起交予下一轮的"头家"。这一次具体的开支、剩余情况也要做账公开贴出。这样公共资金的开支管理都得到有效监督（资料来源于2011 年 5 月　T 村村民访谈）。

事实上，"头家轮流制"的监督实施过程与巴伦西亚、阿兰亚的轮换制度相似又有所不同。两者的相似之处在于都是低成本的自我监督，轮流次序中，这一轮的灌溉者/渔民/"头家"总是受到后一轮的灌溉者/渔民/"头家"的有效监督。不过在巴伦西亚、阿兰亚的农民那里，是自身的利益资源获取为他们自主实施监督提供了极大的驱动力；而在T 村中，则是其他村民的期待与舆论给"头家"带来极大的压力。比如，在公共资金的管理上，下一轮"头家"的监督动力来自为确保下一年自己负责的筹资及公共活动的顺利开展。

第二，嵌套单位（nested units）。奥斯特罗姆认为，目前大多数对公共池塘资源问题及相关的集体行动问题的分析，集中于单一层次（可被称为是操作层次）的分析（Kiser and E. Ostrom, 1982）。在操作层次的分析中，人们假定博弈规则和自然的、技术的约束都是既定的，在分析的时间框架内是不会改变的：操作情形中的个人行为直接影响自然世界；资源单位从公共池塘系统中提取；投入转化为产出；产品用于交换；占用和提供问题在操作层次上发生。在进行操作情形的分析时，分析人员有必要假定技术和制度规则是已知的、不变的。然而，技术和规则是不断变化的。制度变迁的分析比在一套固定的制度中分析操作决策要更为困难（奥斯特罗姆，2012：59— 60）。因此，奥斯特罗姆坚持应该进行多层次的分析。她认为：

所有规则都被纳入规定如何改变该套规则的另一套规则中。不同层次规则的嵌套与对不同级别的计算机语言的嵌套是相同的。在较高层次上能完成什么，取决于该层次上的软件（规则）的能力和局限，取决于更高层次上的软件（规则），也取决于硬件（公共池塘资源）。每当与制度约束下的行动相比较探讨制度变更的问题时，认识到以下两点是重要的：1. 一个层次的行动规则的变更，是在较之更高层次上的一套"固定"规则中发生的。2. 更高层次上的规则的变更通常更难完成，成本也更高，因此提高了根据规则行事的个人之间相互预期的稳定性（奥斯特罗姆，2012：61）。

海克桑把这建构成一系列嵌套的博弈（Heckathorn，1984）。通常，需要长期影响使用公共池塘资源时的行为和结果的三个层次的规则（Kiser and E. Ostrom，1982）。奥斯特罗姆认为，在公共池塘资源的治理中，所有人们能够想到的这些规则与人类对其进行选择、采取行动的相关分析层次之间的联系。占用、提供、监督和强制实施的过程发生在操作层次。政策决策的制定、管理和评判的过程发生在集体选择层次。宪法决策的规划设计、治理、评判和修改发生在宪法层次。在任何一个分析的层次上改变规则都会增加个人所要面临的风险。规则提供了预期的稳定性，改变规则的努力能迅速减少稳定性。当进行任何一层次的分析时，分析人员从分析的目的出发，把更深层次上的变量固定化，否则，将会使问题的结构变得松散。但是，自主组织和自主治理的人们在试图处理现实场景中的问题时，把不同层次的规则结合起来作为解决问题的关键策略。由此，奥斯特罗姆在最后总结公共池塘自主治理中有效制度的设计原则时，将"嵌套式企业"作为第八项原则（参见表6－1）。并认为所有更复杂、存续时间更长的公共池塘资源制度都满足这一条原则。例如，在西班牙巴伦西亚的韦尔塔，灌溉者被纳入3个或4个层级的组织中，然后再被纳入当地的、地区的和国家的管辖区域之中。只在一个层级上建立规则而没有其他层级上的规则，就不会产生完整的、可长期存续的制度（奥斯特罗姆，2012）。

作为非正式制度的"头家轮流制"，T村并非有意在各个层次上设计制度与规则。但人们在公共活动中经过长期的互动与实践，自发地形成了一些非正式的规则制度。就T村的"头家轮流制"而言，我们可以看到，它实现了在两个层次上相互嵌套，即在自然村落层级与村落内部具体农户层级。在自然村落层级，"头家"单位是村落，轮流制涉及的是村落与村落之间的关系；而在村落内部农户层级，"头家"单位是农户组合，轮流制涉及的是农户之间的关系。在"四月十"与元宵节的活动中，如果村落"头家"在村落层级打破固有的轮流次序，将直接影响这一年某个自然村落内部活动的顺利开展；而如果某个村落内部的"头家"这一年放弃组织与筹备开展公共活动，也将反过来直接影响这一年村落之间固有的轮流次序、改变其他村落过节的日期。正如村民在访谈中所说："有时候，一个村庄过不过这个节，是否举办公共的庆典活动，已经不是一个村庄的事，而牵动着所有的村庄。"（2011 年5 月 T 村村民访谈）

总的看来，我们发现"头家轮流制"对于 T 村非生产性的公共物品供给活动至关重要。或许正是基于以上两点：监督与嵌套的制度特性，"头家轮流制"在 T 村非生产性公共物品供给中取得较好的绩效。"头家轮流制"作为一项非正式制度，或许，我们已经无法获得这项制度来源的确切时间，但是，基于其重要性，我们有必要更加深入分析"头家轮流制"如何影响 T 村的公共物品供给，以及进一步探讨它为何是有效的问题。

在 T 村，每年例行的几次宗族活动，即"四月十"、冬至祭祖和元宵祭神，主要是由每个村落当年的"头家"组织负责。虽然每项活动的具体过程和仪式有所不同，但三项活动前都有一项"头家"必须要做的事，即向本村落的所有村民筹集公共资金，用于整个活动的全部开销。这三项宗族活动，T 村中除了个别新近改换信仰基督教的村民，其他所有的村民都会参与。虽然"头家"在筹资的时候奉行"自愿捐资"的原则，即"头家"会在活动前数天时间，挨家挨户在村落中筹资收钱，村民是否愿意出钱和愿意出多少钱，完全由村民的自愿，不会强求，但基本上只要参与活动的村民都会出钱。而且依照惯例，每次活动出的钱数基本固定，每户出资数十元到一百多元不等。2011 年 8 月，我们在 T 村全村性的问卷调查中得到的数据显示，T 村有 97.2% 的村民参与每年的"四月十"活动，并且参与活动的村民中 100% 的村民都在活动前出钱捐资；有 96.3% 的村民参与每年的元宵祭神活动，并且参与活动的村民中 99.05% 的村民都在活动前出钱捐资。从数据可以看到，这些项目捐资中只存在极少数的"搭便车"现象。

我们在问卷中问及村民在这些活动中"愿意捐资的原因是什么"①？有93.6%的村民选择因为"'四月十'是祖上留传下来的传统习俗，每年都参与和捐资，习惯了"，只有0.9%的村民选择是因为信仰因素；而92.7%的村民也认为元宵佳节是传统习俗，每年都参与捐资，习惯了，同样只有0.9%的村民认为自己愿意捐资是因为信仰（见表6－3）。访谈中，大部分被访者的答案是：

> 这个一定要出（钱）的啊，你只要参加就一定要出，一直以来的惯例就是这样，每年"头家"一来收钱，我们自动就会交钱，这个不用说的。每年都这样，习惯了。
>
> 只有个别的被访者会提到舆论压力的影响：那你要参加就一定要出钱啊，不出的话，你到时候怎么好意思到公共的厅堂上去祭祀呢，大家都会说的。

还有个别的被访者会谈到信仰的因素：

> 那肯定要出（钱）的，我们信仰这个嘛，出钱也是自己的一个心意，对神明的一个心意，也希望神明可以保佑我们（资料来源于2011年8月　T村村民访谈）。

那么，习惯、舆论压力和信仰这三个因素可以全部解释T村村民在宗族活动中的自愿捐资行为吗？我们同样在问卷调查中，对T村2000年修建田公元帅宫殿和2001年修建圣母宫殿中，村民参与捐资的情况做一个调查。数据显示，有82.6%的被调查者参与田公元帅宫殿修建的捐资（包括投入义务工），而且问及愿意捐资最主要的原因时，81.7%的被调查者选择是"因为信仰田公元帅"；有81.7%的被调查者参与圣母宫殿修建的捐资（包括投入义务工），问及捐资最主要的原因，83.5%的被调查者认为是信仰圣母的原因（见表6－3）。

---

① 愿意捐资的可能原因：1. 祖上留传下来的传统习俗，每年都参与的，习惯了；2. 信任组织者（能力及品德）；3. 对我（我们村）有好处；4. 来自组织者的权威压力；5. 来自其他村民的舆论压力；6. 公家的事，大家都参与，我也参与；7. 积功德；8. 虔诚的信仰；9. 做公益；10. 其他＿＿＿＿。

表6-3　　　　　　　　　　T村村民在各项目捐资的参与情况

项目	参与以下项目的捐资（%）	捐资最主要的原因（%）
"四月十"	97.2	祖上留传下来的传统习俗，每年都参与捐资的，习惯了（100%）
元宵祭神	96.3	祖上留传下来的传统习俗，每年都参与捐资的，习惯了（99.05%）
2000年田公元帅宫殿修建捐资	82.6	虔诚的信仰（81.7%）
2001年圣母宫殿修建捐资	81.7	虔诚的信仰（83.5%）

　　从表6-3中的数据来看，T村村民在每年"四月十"、元宵祭神活动中的捐资情况有别于他们在田公元帅宫殿和圣母宫殿修建中的捐资情况。两者存在明显的差异，T村村民在前两项的捐资活动中参与程度比在后两项捐资活动中更高。同样都是与宗族、信仰相关的活动，为什么村民在前后两次的捐资活动中表现不同？经过分析，我们发现，虽然前后两次活动的性质差别不大，但在具体的捐资活动中，前后两次的组织者（筹资者）是不同的。"四月十"和元宵祭神活动的筹资者是村落中的"头家"，而田公元帅宫殿和圣母宫殿修建的筹资者一开始是温氏理事会，后来再由理事会委托给各个村落的"头家"筹资。2011年4月，我们对一名温氏理事会成员就2000年修建田公元帅宫殿的筹资事宜进行访谈，这位被访者即是当年温氏理事会中主要负责筹资的工作人员之一。他在访谈中谈道：

　　　　温氏理事会就是派我和另一位成员负责整个工程的筹资工作，我们要挨家挨户地去收钱，整个过程还挺难的。我们不仅在T村里集资，还要跑到仙游那边去筹资，那边也有一些姓温的。我们先在T村中收了一些，然后主要负责去收T村以外的温姓。T村里的后来我们都交给每个村落的"头家"去收了，他们比较熟悉村里的情况，大家也更容易配合出钱（资料来源于2011年4月　T村温氏理事会成员wh访谈）。

虽然这名温氏理事会成员在访谈中没有明确说明，为什么后来要将T村里的筹资工作委托给各个村落的"头家"，但是我们在对其他T村村民的访谈中，可以隐约感受到T村村民对温氏理事会成员和村落"头家"的信任情况并不完全一致。在调查访谈中，我们发现T村村民对"头家"和温氏理事会的信任程度存在明显的差异（见表6-4）。

很显然，T村村民对村落"头家"的信任程度明显高于对温氏理事会的信任。不仅如此，我们在进一步的数据分析中发现，T村村民对本村中每年组织宗族活动的"头家"抱有特殊的信任（见表6-5）。

表6-4　T村村民分别对村落"头家"和温氏理事会的信任情况

信任程度 ＼ 信任对象	村落负责宗族活动的"头家"	T村高阳温氏理事会
很不信任	0%	0%
比较不信任	0%	5.5%
一般	1.8%	34.9%
比较信任	17.4%	47.7%
非常信任	75.2%	8.3%

表6-5　　　　T村村民熟人社会信任因子分析

项目	地缘信任因子	制度信任因子	共量
对家庭成员的信任度	.755	-.183	.604
对亲属的信任度	.724	-.346	.644
对邻居的信任度	.893	-.226	.849
对朋友的信任度	.849	-.173	.752
对本自然村人的信任度	.915	-.204	.879
对T村其他自然村人的信任度	.848	.090	.727
对村干部的信任度	.695	.193	.520
对温氏理事会常务委员的信任度	.704	.588	..841
对每年组织宗族活动的"头家"的信任度	.440	.682	.659
特征值	5.343	1.133	
解释方差	59.363%	12.586%	71.949%

我们同时考察了 T 村村民对家庭成员、亲属、邻居、朋友、本自然村人、其他自然村人以及村干部、温氏理事会和每年组织宗族活动的"头家"的信任程度。通过因子分析后，我们得到表 6-5 呈现的结果。因子分析将 T 村村民对一个宗族村庄内部的熟人社会的信任类型划分为两大类：一类是从家庭成员、亲属朋友、邻居到村干部、温氏理事会等组织人员的信任；另一类是自然村中每年负责组织宗族活动的"头家"。我们分别将其命名为"地缘信任因子"和"制度信任因子"。T 村村民对村庄内部熟人社会所有人的信任程度都无太大差别，唯独对每年组织宗族活动的"头家"存在一种特殊的信任。这种信任是宗族信仰所致，还是存在某种特殊的信任机制？我们从 T 村村民对每年组织宗族活动的"头家"和对 1997 年临时成立负责宗族活动的温氏理事会的信任情况来看，可以排除宗族信仰的因素。同样作为宗族活动的负责机构、负责与宗族和信仰相关的活动，T 村村民对两者的信任程度大有不同（见表 6-4）。T 村村民对"头家"的信任度明显高于对温氏理事会的信任度。在因子分析中，这两项信任分别被归到两个不同的信任类别，对温氏理事会的信任属于熟人社会一般信任范畴，而对"头家"的信任则属于特殊信任/制度信任（见表 6-5）。由此可见，T 村村民对于"头家""盲目"的特殊信任，除了信仰的因素外，更主要的是来自制度因素，即作为非正式制度的"头家轮流制"。

6.3 作用机制

我们知道，"头家轮流制"是在 T 村中历经数百年逐渐演化而形成的一种非正式制度。它作为一种 T 村特有的、非正式的组织形式，在很大程度上克服了村民在公共项目中捐资的"搭便车"现象，保证了 T 村各项宗族活动的有序进行和各项宗族性公共物品的有效供给。那么，"头家轮流制"究竟是如何保证 T 村各项宗族活动的有序进行和各项宗族性公共物品的有效供给？它的作用机制是什么？之前已经详细讨论了 T 村的"头家轮流制"与奥斯特罗姆研究案例的轮换制度的异同点，或许两者在监督与嵌套式单位方面的相同之处，成为制度绩效的可靠保障。不过，这里我们想从另一个层面继续探讨"头家轮流制"发挥效用的作用机制。通过研究我们发现，"头家轮流制"不仅作为一种组织形式，更重要的是它早已演化成 T 村中的一种非正式制度。在这种非正式制度的长期作用下，使得 T 村内部呈现一种独特、相对固定的权力结构，即多中心的权力结构。"多中心制"正是"头家轮流制"在 T 村宗族性活动及其公共物品供给中发挥效用的作用机制。

6.3.1　多中心制

这里的多中心主要是指，"四月十"、冬至祭祀和元宵祭神等一系列活动的举办中，在"头家轮流制"的运作模式下，T 村的 8 个自然村和每个自然村内部呈现多中心的状态。英国学者迈克尔·博兰尼在《自由的逻辑》一书中首次提出"多中心"的概念。他从人类历史和经济发展形态中总结出两种对自由安排的方式：自发秩序和集中指导秩序。认为自发秩序才是真正意义上的自由，并从自发秩序中洞察到"多中心"选择的存在（博兰尼，2011）。博兰尼首先用数学模型来界定"多中心性"（polycentricity）的概念：假设一个由若干棍棒建成菱形的框架，取一顶点挂在钉子上，并在与之相反另一端负上一个重物。"这负重框架上各顶点的相互移动，即存在着'多中心性'——这就是说，顶点的移动将是这样的情形，每一个移动都要依据每个其他顶点，以预定的方式移动，其他每个顶点亦同样依据旁边的每个顶点，进行同样的移动——如此不断进行下去。这些移动的总体，即体现了一种多中心秩序（polycentric order）的情形。若干个要素排序为多中心的情形，这一任务便叫做多中心任务（polycentric task）。"（博兰尼，2011：161）博兰尼紧接着讨论了将这种多中心性的数学模型应用于经济管理的可能性，"在这种方式下，经济运作可以在每一经济中心下独立进行，实现其经济任务的解决。每个经济中心实行的全面自我相互配合行动，达致这一点的逻辑，与我们前面说过的那一队计算者并无不同。自我相互配合所解决的问题的范围，比之由集中指令实现的解决大出许多；在集中指令全然无法操作的多中心范围内，它依然能够运作成功"（博兰尼，2011：171）。而这种多中心任务是由在市场中的自发秩序所产生的体系。也就是说，对于多中心任务的社会管理，要求一整套自由的制度（博兰尼，2011）。

基于博兰尼关于"多中心"的理论论述，美国学者文森特·奥斯特罗姆和埃莉诺·奥斯特罗姆夫妇通过大量的实证研究，进一步发展了

"多中心理论"，并将多中心理论应用于公共事务的治理，最终发展为多中心治理理论。按照奥斯特罗姆的观点，多中心治理理论主要是通过社团组织自发秩序形成的多中心自主治理结构、以多中心为基础的新的"多层级政府安排"（具有权力分散和交叠管辖的特征）、多中心公共论坛以及多样化的制度与公共政策安排，可以在最大限度上实现对集体行动中机会主义的遏制以及公共利益的持续发展（Ostrom，1993）。文森特·奥斯特罗姆在文章《大城市地区的政府组织》中探讨了作为一种"多中心的政治体制"与政府提供公共物品的有效性之间的问题。他将大城市地区治理的"事务"看成是提供"公共物品和服务"，其中指出："每个地方政府单位独立行动，不顾及大城市地区其他公共利益，这一假设只有有限的效力。可以把大城市地区具有多种政治管辖单位的传统治理模式看作'多中心的政治体制'，这更为适当。'多中心'意味着许多决策中心，它们在形式上是相互独立的。无论它们是真的独立运作，或者构成了一个相互依赖的关系体系，这是一个特定情况下的经验问题。它们相互之间通过竞争性的关系考虑对方，开展多种契约性的和合作性的事务，或者利用中央的机制来解决冲突，在这种程度上，大城市地区多个政治管辖单位可以以连续的方式运作，其互动行为的模式是一致的，并且是可预见的。如果是这样，那么它们就可以说成是作为一个'体系'运作的。"与单个管辖单位相比较，多中心的政治体制的绩效在于借助可能存在于各种各样单位之间的协作、竞争和冲突的模式才能得到理解和评估。"如果不同组别的公共利益在协商者之中得到了适当的代表，并且当共同行动对于所有有关各方都产生了更大的回报时，协作性安排并不困难。契约安排就会生长起来。结果，这一对多中心政治体制行为的讨论将着眼于更为困难的竞争、冲突及其解决的问题。如果多中心政治体制能够解决冲突，并在适当的约束之内维持竞争，那么它就能够是富有活力的安排，来解决大城市地区的各种各样的公共问题。"

可见多中心理论最主要强调的是"多个决策中心"和"多种选择"。"多个决策中心"意味着并非单一的权力主体。文森特·奥斯特罗姆在《多中心》一文中指出，多中心政治体制是相对于单中心政治体制而言的。单中心政治体制重要的定义性特质是决定、实施和变更法律关系的政府专有权归属于某一机关或决策机构，该机关或机构拥有

"终极权威"；而多中心政治体制重要的定义性特质是许多官员和决策机构分享着有限的且相对自主的专有权，来决定、实施和变更法律关系。在多中心政治体制中，没有任何一个机关或决策者对强力的合法使用拥有终极的垄断（麦金尼斯，2000：73）。"多种选择"则意味着选择的多样性。埃莉诺·奥斯特罗姆在《制度激励与可持续发展》一书中指出："多中心治理结构为公民提供机会组建许多个治理当局（奥斯特罗姆，2000：204）。"所以，多中心理论一般被运用于自主治理中，以多个权力中心（如多层级政府）或服务中心（包括政府、企业、非营利组织或社会团体等）同时并存为条件，通过"合作—竞争—合作"的方式，有效解决治理中的监督和集体行动困境，最终为公民提供最大化和多元化的利益需求。

从以上对多中心理论的阐释中，我们可以进一步对比和考察T村中的"头家轮流制"是否具备"多中心"的特质。奥斯特罗姆的多中心理论主要强调"多个权力中心"或"多个服务中心"同时并存、同时相互作用并发挥功能。从表象上看，"头家轮流制"似乎并不存在"多个中心"同时并存的状态——每次具体活动的组织都只由一个"头家"负责，但是从理论和本质上看，T村中嵌套式结构的"头家轮流制"的运作模式带有明显的"多中心"色彩。主要体现在它的"多个权力中心"：每一次具体活动的组织者"头家"并不具备终极权威，他们对于当次活动的组织和经费的管理必须公开公正，在很大层面上受到全体村民的监督，特别是受到下一次活动的组织者"头家"的有力监督。"头家轮流制"中所蕴含的这种"多个权力中心"，尤其可以在其具体的作用过程中表现出来。

6.3.2　作用过程

T村每年在"四月十"、"冬至"和"元宵节"这三个重要节庆中举办大量丰富的庆典和仪式，看似纷繁复杂，但事实上从其运行模式来看，呈现一个显著特征——多中心形态：由于"头家轮流制"相互嵌套的运作模式，8个自然村落形成了8个权力中心；每个自然村内部也因随机组合形成若干个权力中心。正是这些多中心之间通过相互监督、竞争与合作的方式促进了T村宗族活动的有效治理。

首先，多中心存在于每个自然村内部。在自然村内部，每年负责所有宗族活动的"头家"并非固定的,"头家"的身份在每户村民之间轮流。比如,今年是这四户当"头家",明年就轮到另外四户担任,而且每四户的组合并不固定,而是随机组合。"头家"要负责这一年中本村落所有宗族活动的筹资、庆典的组织工作。但头家在组织工作中承担更多的是责任,并无实权,主要体现在资金的管理上。节庆临近时,头家需要挨家挨户去筹资,筹得的资金用于活动的一切开销。节庆结束时,这一年的头家需要邀请下一年的头家聚集在村落公用的厅堂,公开核对每一笔花销和进行结算。如若有多余的资金,需要立即交给下一年的头家代管。事实上,这不仅仅是资金管理的问题,重要的是,在公开结算的过程中,同时也完成了村民对这一年头家所有工作的监督和下一年的工作交接。看似没有任何正式的权力结构,事实上随机组合的"头家轮流制"无形中在村落内部形成了若干个权力中心,对每年负责公共宗族活动的"头家"起到极为有效的监督作用。这样的运作模式不允许任何"头家"存在贪腐的行为,一般村民也从来不担心捐出的资金被滥用或私吞。正因为如此,T村村民对于村落中每年组织宗族活动的头家才抱有特殊的信任(见表6-5)。事实上,T村村民是对多中心的权力结构的一种信任,这种多中心的权力结构的运作中,不仅不会出现一种某个个体或团体拥有终极权力的霸权状态,也使得多个权力中心之间相互监督,从而遏制了权力贪腐现象的出现。

其次,多中心存在于自然村落之间。所有庆典仪式都是以自然村落为单位、在8个自然村之间轮流举办。但8个自然村并不是完全孤立的状态。轮流的次序是一定的,哪一个村庄先举办、哪一个村庄尾随其后都有一定的秩序,不允许任何一个村庄擅自更改。这是历史上长期形成的一种不成文但又被所有村民所认可的非正式规范,具备约束效力。村落之间的轮流次序是T村村民根据节庆中请神、送神和接神的便利情况所定,任何一个次序的更改都会造成其他村落送神、接神的不便。这不仅仅增加了实际操作的复杂性,更重要的是,对于有着虔诚信仰的T村村民而言,这种做法是对神明极大的亵渎和不敬。承受不便的村落为了表达他们对神明的忠心,就会不断对"扰乱秩序"的村落施加压力,因为一个村落作出的变动(是否举办或调整举办活动的日期)将带来其他7个自然村落的复杂调整。这样,8个自然村首先形成了8个相互监督和制衡的权力中心,确保了每个自然村落都在次序链条内如期举办庆典活动。同时，由于各个自然村中的庆典又是相对独立完成的，8个自然村之间也常常形成竞争的状态。庆典举办得丰富热闹，不仅仅是在争取神明的护佑，同时也是向其他自然村显示本村落的经济实力。比如，在元宵佳节之际，村民除了捐出一定的资金用于购买供品、香火和爆竹，每家每户还会额外掏钱购买大量烟花。"元宵节的时候，我们都力求烟花放得比g村更多更响，这说明我们村大家钱赚得多，（生活）比他们过得更好，这让我们很有面子"。b村的一位被访者在访谈中如是说（2010年8月T村村民访谈）。这样的竞争状态让每个自然村重视每一次的宗族活动。

虽然T村温氏宗族内部不存在一个正式的宗族组织和固定的权力机构监督和管辖一切与宗族相关的事务，但事实上长期以来，在频繁的宗族活动举办和互动交流中，8个自然村已经形成了8个相对独立又相互制约的权力中心。村庄中任何与宗族相关的公共事务，8个自然村之间都会相互监督与合作。2000年修建田公元帅宫殿和2001年修建圣母宫殿的筹资工作正是在8个自然村的相互监督与合作中完成的。1997年，为了新修高阳温氏族谱，T村临时成立了温氏理事会，以便同T村以外的温氏族人联系。2000年和2001年新修田公元帅宫殿和圣母宫殿，虽然也是由温氏理事会提倡与号召，但具体的筹资工作也是分派到各个自然村，由各个自然村当年的"头家"执行。具体筹资的过程，对于各个自然村内部村民而言，只是又一次村庄内部的宗族事务而已。但当各个自然村的"头家"向温氏理事会上缴所筹经费时，又形成了8个权力中心：相互监督各个自然村的筹资情况、相互竞争筹资的多少，最后合力完成所有的筹资工作。

6.4　本章小结

从本书的第三章开始到第五章，我们分别对本项研究的个案村庄T村的基本概况、宗族结构和特性、围绕宗族而展开的各项传统活动、习俗所构成的T村公共生活以及由村庄公共生活所衍生的村庄各项公共物品的供给情况等进行了较为详细的论述。我们发现，单姓宗族是T村最突出的村庄特性，村庄中所保留至今的各项传统活动和习俗都与T村高阳温氏宗族相关。这些以集体形式开展的传统活动和习俗，构成了T村村民主要的公共生活。在所有的村庄的集体活动中，我们并没有发现任何正式的组织或制度在保障这些集体活动的有序开展。相反，我们在每一项活动的具体实施过程中，发现了大量非正式制度的存在。随着村庄丰富而活跃的公共生活的开展，村庄对相应的公共物品供给有了一定的要求。在制度分析的框架下，我们提出的预设是，如果非正式制度在很大程度上保障了T村公共生活的有序开展，那么，T村中各项公共物品的有效供给，是否也可以在一定程度上归功于非正式制度？我们在第五章中，将T村中各项公共物品供给简单划分为"非生产性/宗族性公共物品供给"和"生产性公共物品供给"。从本章开始，我们将就"T村的非正式制度与其公共物品供给之间的关系"问题展开讨论。

　　本章我们先讨论T村的非正式制度与村庄非生产性公共物品供给之间的关系。从第五章中，我们知道，T村非生产性公共物品（宗族性公共物品）的供给主要集中在两个部分：第一，几处公共场所的修建，如祖祠、太祖墓、宗庙（田公元帅和圣母宫殿）、寺庙的修建或者翻修上所花费的公共集资。这些公共集资中，集资的主体是温氏理事会常务委员、集资的对象是T村全体村民，甚至扩展到T村周边其他县市的温氏村民；第二，T村中每年例行的几次公共活动，用于公共活动开销的集资，如"四月十"、冬至祭祖和元宵祭神的公共集资。这几次的公共集资主要是发生在T村境内各个自然村落中，集资主体是村落中当年的"头家"，集资对象只限于各个村落内部。经过分析得知，不论是历史上还是现今，T村中非生产性公共物品（宗族性公共物品）供给的主要组织者是各个自然村落内部轮流制的头家；而这类公共物品最主要的供给主体是村落中的每一户村民（参见本书第五章）。换句话说，T村中自发形成的"头家轮流制"，在村庄非生产性公共物品的有效供给中起到了最关键的作用。尤其是，在宗族性公共物品供给中，我们区分了村民的信仰与非正式制度"头家轮流制"的作用。村民在宗族性公共物品供给中能在很大程度上克服"搭便车"问题，并不是仅仅由信仰所带来的，在很大程度上也得益于"头家轮流制"。经过实证调查和分析，我们证实了作为非正式制度的"头家轮流制"在T村公共生活中的重要作用：它在很大程度上保证T村各项宗族活动的有序进行和各项宗族性公共物品的有效供给。首先，我们结合奥斯特罗姆研究案例中的轮换制度，对比研究了T村的"头家轮流制"，两者之间存在异同点。

T 村的"头家轮流制"作为一种非正式制度，有别于奥斯特罗姆所指称的正式设计的轮换制度。但两者之间在监督与嵌套式结构方面的相同点却尤其重要，很大程度上保证了两种制度的有效性。其次，我们结合"多中心理论"进行分析，发现在这个过程中，"头家轮流制"的作用机制正是多中心制。多中心理论一般被运用于自主治理中，以多个权力中心（如多层级政府）或服务中心（包括政府、企业、非营利组织或社会团体等）同时并存为条件，通过"合作—竞争—合作"的方式，有效解决治理中的监督和集体行动困境，最终为公民提供最大化和多元化的利益需求。T 村中"头家轮流制"的运作模式，使得 8 个自然村落之间以及每个村落内部均形成若干个权力中心。多个权力中心同时并存的情况下，各个权力中心之间通过合作、竞争以及监督等手段，克服了T 村村民在各项公共活动和公共物品供给中的集体行动困境，最终达成集体合作，保证了 T 村宗族公共活动的有序开展和宗族性公共物品的有效供给。

T 村的非正式制度"头家轮流制"，来源于村庄中与宗族相关的各项传统活动与习俗，并被有效运用于村庄宗族公共事务的治理。这些宗族公共事务的治理可以依赖于村庄中自发生长的非正式制度，那么，T 村中还有一些与村民日常生活和生产息息相关的生产性公共事务，T 村的村民又是如何进行治理的？从 T 村各项传统活动与习俗中提炼出来的非正式制度（见本书第四章）会同样对村庄生产性公共事务产生影响吗？我们考察 T 村公共物品的供给现状时，发现在最近十年的时间里，村庄不仅在非生产性公共物品的供给中取得很大成效，而且在生产性的公共物品供给（主要是成功修建几条水泥村道）上取得不错的成效（参见第五章）。T 村在生产性公共物品供给上所取得的成效，我们是否可以同样在村庄的非正式制度中寻找答案？这是我们第七章将要讨论的主要内容。

第七章 T村的非正式制度与公共物品供给（下）

——"八月十五修路"习俗与村庄生产性公共物品供给

　　T村总体经济水平较为落后，村庄财政赤字，农民收入低，自给自足之外很难有多余的资金可用于村庄公共物品项目的供给集资。在这样的客观条件下，如若缺乏政府的资金投入，T村的公共物品供给便难以成行。一般情况下，也很难动员村民进行集资，自发为村庄提供公共物品。然而，我们在调查中发现，近十年中，T村成功动员村民进行集资，促成了村庄几项大型公共物品的供给：2000年重建温氏祖殿，又名"田公元帅宫殿"，耗资12万元左右；2001年新建圣母宫殿，耗资7万元左右；2003年新修行政村水泥村道1（T村至镇上）；2004年新修自然村水泥村道2（自然村t村）；2004—2005年新修自然村水泥村道3（自然村z村）；2005年新修自然村水泥村道4（自然村d村）（每条水泥村道的修建分别耗资十几万元至三十几万元不等）（见表7-1）；每年"四月初十"、元宵佳节时，村民自发集资举办各项相关的节庆典礼、仪式甚至社戏等活动。所有这些公共项目中，除了修建道路的项目有得到政府少许补贴（政府补助总花费的1/3，其余2/3均来自村民集资）之外，其他所有资金都来自T村村民以户为单位的捐资（数据来源于2011年4—5月的访谈调研）。

　　究竟是什么因素促成村民在T村公共物品供给中的自发集资？在这些公共项目中，组织者如何能够动员一般村民进行集资？我们又如何解释只能自给自足的T村村民，却频频在这些公共项目中自愿捐资？在这些公共物品供给的集资过程中，是什么样的因素遏制了T村村民在集体行动中可能出现的"搭便车"和"机会主义"现象（奥尔森，2008）？

在前面的章节中，我们已经将这几项公共物品供给做了简单分类：修建宗祠、宗庙和每年宗族活动的集体集资等属于 T 村非生产性/宗族性公共物品供给；而在最近的十年中，T 村成功集资修建的几条水泥村道属于村庄生产性公共物品供给。我们在第六章中，分析并证实了是 T 村中自发生长的非正式制度——"头家轮流制"，促成了村庄非生产性/宗族性公共物品的有效供给。那么，在本章中，我们将继续探讨 T 村中的非正式制度与村庄公共物品供给之间的关系，即 T 村的非正式制度是否也对村庄生产性公共物品的供给情况产生影响？

表 7 – 1　　　　　　2000 年以来 T 村几项大型公共物品供给概况

时间	公共项目名称	总花费
2000 年	温氏祖殿（田公元帅宫殿）	12 万元左右
2001 年	圣母宫殿	7 万元左右
2003 年	村道 1（T 村至镇上）	>30 万元
2004 年	村道 2（自然村 t 村）	>20 万元
2004—2005 年	村道 3（自然村 z 村）	>10 万元
2005 年	村道 4（自然村 d 村）	>20 万元

7.1　T 村的非正式制度与生产性公共物品供给

T 村生产性的公共物品供给主要包括农田水利灌溉、生活饮用水、学校和道路。在第五章中，我们不仅对 T 村各项生产性公共物品供给的历史做了简单回顾，也较为详细地论述了 T 村生产性公共物品供给的现状（参见本书第五章）。在回顾历史和比较现状之中，我们发现一个问题：在村庄生产性公共物品供给中，农田水利的看管、生活饮用水、学校和道路，同样都经历了中华人民共和国成立前由 T 村村民自行供给和中华人民共和国成立后国家力量的介入，可是为什么现如今，"公办民助"的原则（即公共物品供给的资金由国家出资大部分，剩余不足的部分发动村民自愿参与捐资）只有在修建水泥道路中践行成功？或者说，为什么 T 村村民在修建水泥道路集资的参与率大大超过了他们在农田水利、生活饮用水供给以及修建学校集资的参与率？

历史上（中华人民共和国成立前），T 村在农田水利、生活饮用水、学校和道路几项公共物品的供给上，一直都是采取自治的办法自我供给，几乎没有外界的力量可以依靠。中华人民共和国成立后，随着国家力量向农村社会的不断延伸，村庄也更加依赖国家力量，特别是在公共物品供给方面，尤其依赖国家的财政支持。T村也在发生同样的情况。从2011年8月的调研数据中，我们看到最近十年之中，T村村民集体筹资、成功供给的生产性公共物品只有修建几条水泥村道而已。村庄的学校已经荒废、农田水利灌溉和生活饮用水的供给已经全部依靠国家政府的力量在供给，只有修建水泥道路这一项公共物品的供给中，T村村民的集体力量被全部动员起来，大部分村民自愿捐资，促成了几条水泥村道的成功修建。同样是生产性的公共物品供给，为什么T村村民在对待农田水利、生活饮用水、学校上和对待道路上存在明显的差异？在对T村2011年8月的访谈调查中，大部分村民认为：

> 修水渠、修水库、建学校是国家和政府的事，在修路的问题上，我们有义务和责任，可以采取"公办民助"（即在修路集资中，首先要有国家政府的财政投入，政府先出一部分的资金，不够的资金再从民间集资，同时依靠民间力量）方法集资修建（资料来源于2011年8月T村村民访谈）。

那么，T村的农田水利、饮用水、学校和道路这几项公共物品供给之间到底存在什么样的差异，使得村庄村民从意识上将它们区别对待？

我们比较了T村农田水利、饮用水、学校和道路几项公共物品的供给传统，发现历史上，T村在"修路"与在其他三项"农田看水"、"修水井/库"、建学校之间存在一个重大区别：T村在"修路"上的传统是，每年农历八月十五，村落中每户村民都要派出一个代表参加该村落的集体义务修路活动（具体参见本书第四章），这是T村每个村落每年例行的一项集体活动；而在其他三项活动中，并没有要求村民在特定一个时间、亲自参与集体活动的实践，更没有要求村民每年要不断重复这样的体化实践。

7.2　"八月十五修路"

在第四章的分析中，我们已知道"八月十五修路"这项活动已经不仅仅是 T 村中单纯的一项传统活动，在某种程度上已经仪式化了的"八月十五修路"，已经演化成 T 村中特有的一项非正式制度。那么，这项非正式制度是否影响着 T 村的生产性公共物品供给？或者更确切地说，它是否影响着 T 村村民在修路集资中的行为表现，从而影响村庄的道路供给情况？它的作用机制又是如何？

由于地域因素，T 村各个自然村落平时的联系并不多，但在每年的农历八月十五这一天，村民集体出工义务修路的情况同时发生在每一个自然村落。问卷调查的数据显示，T 村中 93.6% 的家庭每年的八月十五都参加这项活动；90.8% 的被访者表示他们每一次都会参加这项修路活动。在问及被访者愿意参加这项活动的原因时，91.7% 的被访者选择"因为是祖上留传下来的传统习俗，每年都参与的，习惯了"这个选项。那么，T 村大部分村民每年参与"八月十五修路"活动，是否对他们在 T 村近几年 4 次修路集资中的捐资行为产生影响？

从对 T 村现任书记和几次修路筹资负责人的访谈中，我们发现组织者在动员一般村民集资时一定会提及"八月十五修路"这项传统习惯。事实上，这正是得以说服一般村民愿意捐资的一个重要原因。在 2003 年新修 T 村行政村水泥村道的时候，书记带着几位村干部向 T 村外出的生意人筹资。在动员过程中，书记说道：

> 修路是要靠大家的力量，你一个人拿三万元五万元的，别人都不拿也做不了，一点一点地做就可以做了。先是家里这些人，有钱的出钱，没钱的出义务工也可以。那反过来说，修路是我们村的传统习惯，历来每年的村庄修路，是人人都有义务，都有责任，像我们这潼关的路都有一百多年历史了，那如果你们在家里的话，一个人义务给我搞十天，一个劳力搞十天义务工不算多吧，那十天折资当时是一天 50 元，那十天也有 500 元了。那你去上海来返两天嘛，去了四天，你自己算，就算 200 元，这就有 700 元了，再加上这些

天的误工费等七七八八的加上也有一千多元了，所以他们至少也要出个千把块的。（2011 年 4 月书记访谈）

每次修路的筹资负责人在各个自然村进行筹资时，也是利用 T 村中每年的"八月十五修路"这项传统进行动员。组织者理所当然地认为修路是一般村民的义务，长期参与"八月十五修路"活动的一般村民也误认为捐资修路是自己的应尽职责所在。问卷调查中，我们分别考察了 2003—2005 年 4 次新修水泥村道时村民的捐资情况（见表 7 - 2）。

表 7 - 2 　　　　　　　T 村四次新修水泥村道村民的捐资情况

修路项目	愿意参与捐资的比例	实际参与捐资的比例	愿意捐资最主要的原因
2003 年 T 村	63.3%	28.4%	祖上留传的社会习俗，每年都参与的，习惯了（13.8%）、公家的事，大家都捐，我也捐（13.8%）
2004 年 t 村	93.8%	93.8%	祖上留传的社会习俗，每年都参与的，习惯了（50%）
2005 年 z 村	100%	100%	祖上留传的社会习俗，每年都参与的，习惯了（100%）
2005 年 d 村	87.2%	72.3%	祖上留传的社会习俗，每年都参与的，习惯了（63.8%）

表 7 - 2 中，T 村代表 T 村整个行政村，2003 年村道修建的项目组织者、被组织者和主要受益对象的范围都是 T 村整个行政村。t 村、z 村和 d 村分别代表 T 村中的三个自然村。2004 年和 2005 年在这三个自然村中的村道修建，其项目组织者、被组织者和主要受益对象的范围分别属于三个自然村。表 7 - 2 中的数据来源分别与行政村或自然村相对应：T 村的数据来源于整个行政村，而 t 村、z 村和 d 村的数据分别来源于三个自然村。

从表 7 - 2 的数据可以看出，在几次修路集资中，愿意参与和实际参与捐资的村民都在半数以上，而且大部分村民愿意参与捐资的原因都是因为"是祖上留传下来的传统习俗，每年都参与的，习惯了"。这里所说的"每年都参与的习惯的传统习俗"即是指每年农历八月十五以自然村为单位的修路活动。显而易见的是，T村村民将这几次修建水泥村道的集资等同于村庄每年八月十五修路的传统活动。每年八月十五的修路活动是祖上留传下来的习俗，参与其中是理所当然之事，那么此次水泥村道的修建集资，也无须多做考虑，理应支持。

7.3　作用机制

从以上的调研数据来看，T村"八月十五修路"这项非正式制度似乎直接影响着村庄村民在近几年4次水泥村道修建中的捐资行为。"八月十五修路"很大程度上促成了几次村庄水泥村道修建的成功集资。为什么"八月十五修路"这一项非正式制度会影响到T村村民在修路集资中的捐资行为？这其中的作用机制是什么？

T村"八月十五修路"这项活动，存在几个明显的特点：第一，它是一项身体实践活动。"八月十五修路"要求人们亲自参与村落的"修路"活动，这是一项涉及人们的"身体/体化实践"的活动；第二，它是一项集体活动。"八月十五修路"不是个体行为，而是每次都有整个村落大多数村民一起参与的集体活动；第三，它具有仪式化特征。"八月十五修路"发生在一个特定的时间点，而且不是一般的时间点，活动那一天正好是中国传统节日"中秋佳节"，在这一天发生的社会行为带有一定的仪式化特征；第四，它是一项不断重复的活动。"八月十五修路"是T村每个村落每年例行的传统活动，村庄村民每年的这一天都要不断重复这一行为。我们预设，T村村民在每年"八月十五修路"活动中不断重复"修路"的体化实践，会滋长出一种"社会习惯记忆"，这种"社会习惯记忆"反过来又不断影响和强化着村民在"修路"中的行为表现。

7.3.1　社会习惯记忆

这里的"社会习惯记忆"主要是指几百年来T村村民不断重复"八月十五修路"这一项社会实践而沉淀在村民潜意识中与这项活动相关的社会习惯记忆。事实上，社会习惯记忆来源于"社会记忆"。"社会记忆"一词是从迪尔凯姆学派成员莫里斯·哈布瓦赫的"集体记忆"演变而来。其实在哈布瓦赫之前,已有很多学者讨论过"集体记忆"的相关概念。受卢梭集体性概念的影响,迪尔凯姆在《宗教生活的基本形式》里提出了含有"集体记忆"意味的"集体欢腾",认为宗教的观念诞生于欢腾本身,因为"唯有集体思想具备这种效力,要创造一个观念的世界,并使经验现实的世界通过它发生变形,就必须得有一种智力的过度兴奋,而这种过度兴奋只有在社会中并通过社会才能实现"(Durkheim,1911)。之后玛丽·道格拉斯提出了当常规行为成为一个时代的秩序时,在平淡无奇的时期里,是什么把人们整合在一起的问题。哈布瓦赫认为:"存在于欢腾时期和日常生活时期之间的明显空白,事实上是由集体记忆填充和维持着的,这种集体记忆以各种典礼性、仪式性的英雄壮举的形式出现。"(Halbwachs,1992)哈布瓦赫于1925年首先提出"集体记忆"的概念,用于研究人的过去如何在家庭、宗教团体或社会阶级的影响下被纳入记忆的链条。他认为,所有对个人回忆的讨论都必须考虑到亲属、社区、宗教、政治组织、社会阶层、民族认同等所留下的具有社会意义的烙印。哈布瓦赫进一步分析道:"集体记忆不是一个既定的概念,而是一个社会建构的概念";"集体记忆具有双重性质——既是一种物质客体、物质现实,比如一尊塑像、一座纪念碑、空间中的一个地点,又是一种象征符号,或某种具有精神含义的东西、某种附着于并被强加在这种物质现实之上的为群体共享的东西"。因此,哈布瓦赫认为:"存在着一个所谓的集体记忆和记忆的社会框架;从而,我们的个体思想将自身置于这些框架之内,并汇入到能够进行回忆的记忆中去。"(Halbwachs,1992)但是哈布瓦赫关注的是集体记忆的社会框架——家庭、宗教、社会阶级,认为不同的集体有不同的记忆,而并未讨论集体记忆如何传递的问题,因此后来出现了对这些问题的深入研究。康纳顿的《社会如何记忆》正是以层层递进的方式向我们展现了社会记忆的传递和维持。

社会习惯记忆来源于美国学者保罗·康纳顿,他在其著作《社会如何记忆》中将记忆分成三种类型。康纳顿根据记忆理论,将记忆划分为三种记忆申述(memory claims)的类别。第一类记忆申述是:个人记忆申述,指那些把个人生活史作为对象的记忆行为。它们定位并且涉及个人的过去。"个人通过这类记忆,就有了特别的途径来获知有关他们自已过去历史的事实以及他们自己的身份，原则上他们不能通过这类途径来获得其他人和事的历史和身份。"第二类记忆申述是：认知记忆申述，涉及对"记忆"的利用。与第一种记忆申述不同，我们无须拥有任何有关知识背景或情节的信息，以便能够保持或利用这类记忆。这类记忆并不要求记忆对象是过去的某事，而要求记忆那件事的人必须在过去遇到、经历或听说过它。第三类记忆申述是：习惯记忆申述。"习惯记忆"在于我们有再现某种操演的能力。回忆的内容指向过去，但我们并不经常去回忆我们何时何地掌握了正在讨论的这种知识，我们常常仅通过现场操演，就能够认可并向其他人演示，我们确实记得。它留下了一种习惯的所有痕迹，我们越是记得这类记忆，我们就越是较少有可能回忆在此涉及的我们的过去所作所为的某种场合；只有当我们陷入困境时，我们才可能求助于我们作为指南的回忆（康纳顿，2000：20）。康纳顿在著作中指出，尽管社会记忆渗透在日常生活中，但是却得不到关注，他认为这是由于某些记忆申述的类别作为焦点而得到优先考虑。这个焦点类型就是他划分为第一类和第二类的个人记忆申述和认知记忆申述，而第三类再现某种操演的能力——习惯记忆，却经常由于回忆是心智的活动的传统观念而得不到重视。康纳顿提出，受测者的社会习惯记忆，不同于他对规则和代码的认知记忆；它也不仅仅是一个附加或补充特征；它是成功地令人信服地操演代码和规则的一个基本因素。社会记忆如何传递？康纳顿认为是通过纪念仪式的操演（即体化实践）来传达和维持社会记忆的。康纳顿认为，对于过去的记忆可以不用追溯历史来源，因为在习惯记忆里，过去似乎积淀在身体中。为了进一步具体说明记忆如何在身体中积累或积淀，康纳顿首先区分了两种根本不同类型的社会实践——体化实践和刻写实践。体化实践包括对文化特有姿势的记忆，这种特定的姿势操演提供了身体的助记方法。而康纳顿认为用刻写传递的记述不可改变地固定下来，其撰写过程就此停止。他批判阐释学把刻写从而文本当成其研究对象，批判把刻写当作传递社会记忆的特许形式，康纳顿尤其强调的是体化实践所带来的记忆效果。他认为体化实践的特别记忆效果依赖于它们的存在方式和它们的获得方式，因为影响体化实践的因素——习惯不仅仅是一种符号，它是一种知识，是手和身体的记忆；在培养习惯的时候，恰恰是我们的身体在"理解"，所以体化实践更具创新力。归根结底，康纳顿的观点就是社会也有记忆，社会通过纪念仪式来传递记忆，而由于仪式通过身体完成，所以社会是通过体化实践来传达和维持社会记忆（高源，2007）。

按照康纳顿的理论，社会习惯本质上是属于一个特定社会中，符合社会规范的，并被这一社会中的成员不断重复的体化实践（社会操演）。社会习惯记忆则加入了记忆的成分。作为一项长期被人们重复实践并形成习惯的社会行为，人们不可能做到将记忆从这项行为中排除开来。因为，本质上作为一种体化实践的社会习惯，也会拥有如体化实践般的特别的记忆效果：在体化实践中，个体不仅强化了对这一行为本身的习惯记忆，同时也强化了关于这一社会习惯的社会记忆。换句话说，"社会习惯记忆"是一体的，我们无法将"社会习惯"与"记忆"拆开而分别进行讨论（康纳顿，2000）。

由此可见，长期不断重复的仪式化的体化实践对于社会的记忆起到特别的记忆效果。社会习惯记忆的作用机制是，只要社会环境结构不发生重大变化，人们便会习惯性地不断重复这样的体化实践，展现身体对这一社会习惯实践的记忆效果，并不会理性地考量这一体化实践的利与弊。长期以来，T村村民在不断重复着"八月十五修路"这一体化实践，在此基础上形成了关于修路的社会习惯记忆。每年的农历八月十五，不需要任何人带头组织，家家户户村民都会自觉地加入村庄修路的集体活动中。正如景军在其著作《社会记忆》中所指出的："在一个文化中成长，人们需要学会用自己的身体和语言重复呈现仪式行为的恰当模式。学习过程的结果是'习惯性记忆'。这个概念由保罗·康纳顿提出，指在已有条件反射的心理状态下，一旦仪式的要求出现，人们很容易做出相应的反应。在频繁的实践中，习惯化记忆使人们可以不加思考地想起恰当的仪式动作或语言。康纳顿指出，'在习惯性记忆中，过去积淀在身体中'。"（景军，2013：115）

7.3.2　作用过程

为了进一步验证在"八月十五修路"活动中衍生出的社会习惯记忆对T村村民在几次水泥村道修建集资的捐资行为中起到重要影响作用，我们对2011年8月收集而得的问卷数据进行逻辑回归分析（见表7-3）。

表7-3　　　　T村村民修路捐资影响因素的逻辑斯蒂回归分析

自变量	因变量：是否参与2003年村道1（T村至镇上）修建的捐资或投入义务工			
	B	Wald	Sig.	Exp（B）
性别（a）	-1.077	1.450	0.229	0.341
年龄	-0.019	0.225	0.635	0.981
文化程度	0.930	3.999	0.046 *	2.534
个人月收入	0.000	0.331	0.565	1.000
家庭支出	0.844	3.493	0.062#	2.325
是否党员（b）	-0.806	0.117	0.732	0.447
常年居住情况（c）	0.892	0.380	0.537	2.439
家庭是否有成员担任村干部（d）	0.455	0.106	0.745	1.576
对T村的喜欢程度	-0.030	0.002	0.963	0.970
生活满意度	0.085	0.040	0.842	1.088
是否参与T村村道1的"八月十五修路"活动（即是否有体化实践）（e）	6.150	11.550	0.001 * * *	468.487
社会资本①：				
邻居交往因子	0.237	0.152	0.697	1.267
社团交往因子	0.838	5.045	0.025 *	2.311
亲属交往因子	-0.189	0.429	0.513	0.828
地缘信任因子	0.529	1.370	0.242	1.697
制度信任因子	-0.409	1.489	0.222	0.664
对村干部的信任度	-0.870	1.962	0.161	0.419
常量	-1.882	0.322	0.570	0.152
Nagelkerke R-Square	0.600			
-2Log Likelihood	71.064			
Chi-Square	59.096（Sig.=0.000 * * *）			
N	109			

说明：# P<0.1　* P<0.05　* * P<0.01　* * * P<0.001

a. 参考变量为"女性"；b. 参考变量为"非党员"；c. 参考变量为"常年在外"；d. 参考变量为"没有担任村干部"；e. 参考变量为"没有参加T村村道1的'八月十五修路'活动"。

① 这里"社会资本"中包含的各项因素，是来源于对问卷中T村村民各项的社会交往和社会信任所做的因子分析后而得。因为这里侧重讨论"社会习惯记忆"对村民捐资行为的影响，只是把"社会资本"各因素作为整个逻辑斯蒂回归模型的控制变量；同时，分析而得的模型结果显示，"社会资本"各因素中大部分对T村村民的捐资行为并无显著影响，因此这里不再展开详细论述。

在逻辑斯蒂回归模型中,我们将"是否参与 2003 年村道 1 (T 村至镇上)修建的捐资或投入义务工"作为因变量;对于所要考察的最主要的预测变量"社会习惯记忆",我们将其操作化为"是否每年都参与 T 村村道 1 八月十五的修路活动",即考察村民在此村道修路方面是否存在不断重复的体化实践?对于"社会习惯记忆"的操作化测量,我们遵循康纳顿的界定:社会习惯记忆形成于不断重复的体化实践(社会操演)。"个体对于某事件/物的记忆"可能难以进行准确无误的操作化测量,但"个体在某事件上有无不断重复的体化实践"却可以被准确地测量出来。这样,用可操作化测量的一种行为(是否重复参与"八月十五修路"这一体化实践)作为预测变量去考察其对另一种行为(是否参与 2003 年村道 1 的捐资)的影响表现,将具有更强的解释力。当然,"社会习惯记忆"只是我们所要考察的最主要的预测变量,在模型中,我们同时加入了"性别"、"年龄"、"文化程度"、"个人月收入"、"家庭支出"、"生活满意度"以及社会资本中的各项社会交往和社会信任等作为控制变量。通过逻辑斯蒂回归分析,我们将看到,在控制了所有这些控制变量后,预测变量"社会习惯记忆"是否仍对 T 村村民在修路中的捐资行为产生影响?

从表 7-3 逻辑斯蒂回归分析的结果来看,卡方 Chi-Square 的值为 59.096,具有非常强的显著性,这说明此回归模型的解释力很强。在所有的预测变量中,"文化程度"、"家庭支出"、"社会习惯记忆"和社会资本中的"社团交往因子"四项对于因变量的影响具有显著性。其中,显著性最强的是"社会习惯记忆",同时,它的 Wald 值也是最大的,这说明"社会习惯记忆"这一项因素在整个逻辑斯蒂回归模型中是最重要的预测变量。换句话说,在以上所有的影响因素中,对 T 村村民是否在 2003 年村道 1 修建中做出捐资或投入义务工,影响作用最大的是 T 村村民在"每年八月十五修路"这项活动中所形成的"社会习惯记忆"。由于社会习惯记忆的作用,只要涉及本自然村内修路的事情,村民并不多做理性的计较与思考,而是追随以往修路的社会习惯记忆,积极对村庄的修路集资予以配合。从实证数据的分析来看,正是社会习惯记忆在很大程度上克服了村民在修路集资中的"搭便车"现象,促进了 T 村村民在修路中的捐资行为,从而促成 T 村水泥村道的成功供给。

7.4　社会习惯记忆作用的延伸

　　社会习惯记忆的作用机制是，只要社会环境结构不发生重大变化，人们便会习惯性地不断重复这样的体化实践，并不会理性地考量这一体化实践的利与弊。长期以来，T村村民在不断重复着"八月十五修路"这一体化实践，在此基础上形成了关于修路的社会习惯记忆。每年的农历八月十五，不需要任何人带头组织，家家户户村民都会自觉地加入村庄修路的集体活动中。事实上，不仅仅是"八月十五修路"活动，T村村民每年也在不断重复"四月十"、冬至祭祖和元宵祭神的活动，特别是每年这三次活动之前都会有捐资行为。我们回顾第六章中，T村村民在各项宗族活动中的捐资情况（见表7-4）。

表7-4　　　　　　　　T村村民在各项目捐资的参与情况

项目	参与以下项目的捐资	捐资最主要的原因①
"四月十"	97.2%	祖上留传下来的传统习俗，每年都参与捐资的，习惯了（100%）
元宵祭神	96.3%	祖上留传下来的传统习俗，每年都参与捐资的，习惯了（99.05%）
2000年田公元帅宫殿修建捐资	82.6%	虔诚的信仰（81.7%）
2001年圣母宫殿修建捐资	81.7%	虔诚的信仰（83.5%）

　　从表7-4中，T村村民在四次不同的宗族活动中的捐资情况，我们发现村民在"四月十"和"元宵祭神"两次捐资活动中的参与率明显高于他们在修建"田公元帅宫殿"和"圣母宫殿"捐资中的参与率。而且前后两项中，村民给出的"愿意捐资最主要的原因"也明显不同。在前两次活动中愿意捐资最主要的原因，大部分（100%和99.05%）

---

　　① 愿意捐资的可能原因：1. 祖上留传下来的传统习俗，每年都参与的，习惯了；2. 信任组织者（能力及品德）；3. 对我（我们村）有好处；4. 来自组织者的权威压力；5. 来自其他村民的舆论压力；6. 公家的事，大家都参与，我也参与；7. 积功德；8. 虔诚的信仰；9. 做公益；10. 其他＿＿＿＿。

被调查者选择"祖上留传下来的传统习俗，每年都参与捐资的，习惯了"；而在后两次的捐资活动中，大部分（81.7%和83.5%）被调查者认为他们愿意捐资最主要的原因是因为"虔诚的信仰"。同样，2011年8月，在T村就这个问题对村民进行访谈时，大部分被访者的答案是"这个一定要出（钱）的啊，你有参加就一定要出，一直以来的惯例就是这样，每年'头家'一来收钱，我们自动就会交钱，这个不用说的。每年都这样，习惯了"。由此看来，社会习惯记忆在T村宗族性公共物品的供给中，同样也在发挥其积极的效应。我们不仅仅在T村生产性公共物品供给中发现社会习惯记忆的重要作用，也在村庄非生产性/宗族性公共物品供给中发现了社会习惯记忆的作用痕迹。所以，我们看到T村中每年例行的四次传统活动和习俗（"四月十"、"八月十五修路"、冬至祭祖和元宵祭神），已经形成T村特有的非正式制度，这些非正式制度通过社会习惯记忆的作用机制，对T村的各项公共物品供给起到了积极有效的影响作用。

7.5 本章小结

在这章中，我们主要讨论了T村的非正式制度与村庄生产性公共物品供给之间的关系。我们通过数据分析，研究了作为村庄传统习俗之一的"八月十五修路"与T村近十年来颇具成效的水泥村道供给之间的关系，证实了T村特定的非正式制度对其生产性公共物品供给具有重要的积极影响。具体来说，T村村民在每年不断重复"八月十五修路"活动的基础上衍生出对修路活动的"社会习惯记忆"，在"社会习惯记忆"的作用下，"八月十五修路"这一非正式制度促进了T村村民在水泥村道修建集资活动中的捐资行为，从而促成村庄道路的成功供给。

结合定性访谈与问卷调查的方式，我们考察了个案T村的公共物品供给情况。我们用第六章和第七章的篇幅来讨论T村中的非正式制度与其公共物品供给之间的关系。在村庄财政资金短缺、村民收入低下的情况下，T村仍然成功动员全体村民集资。在近十年的时间内，完成了修建数条水泥村道、祖祠和宗庙等几项大型公共物品的供给。经过具体的数据分析和研究，我们证实了T村特有的非正式制度在村庄公共物品供给中起到了积极有效的作用。由于历史和宗族因素，在T村中逐渐形成了一些独特的非正式制度——"头家轮流制"与T村特有的四次传统活动、习俗。这些非正式制度通过"多中心制"和"社会习惯记忆"的作用机制，不仅成功维系着村庄中各项宗族公共活动的延续（"四月十"、冬至及元宵节中一系列的活动），而且还促成了村庄公共物品的有效供给（修建水泥村道、祖祠、宗庙等）。

非正式制度起源于何时何地？对于这个问题，或许我们无法给出一个确切的答案。但可以肯定的是，这些非正式制度是T村村民在漫漫历史长河中经过长期互动所建立起来的关于共同生产、生活的非正式的默会规则。因为彼此熟悉，又频繁互动交往，人们甚至默契地知晓在不同的场合下自觉启用不同的非正式规则。在T村的案例中，我们看到了对村庄公共物品供给发挥效用的两种不同的非正式制度："头家轮流制"与"八月十五修路"的习俗。不同的非正式制度分别对不同类型的公共物品供给起作用（如案例分析所得，前者促进了人们在宗族性的公共祠堂修建中的捐资，后者增进了人们在水泥村道修建中的捐资行为）。同时，两种不同的非正式制度，促进村庄公共物品供给的作用机制也截然不同。"头家轮流制"更接近于一种正式设计的组织或制度，将一个村落内部与不同村落之间形塑成相互嵌套（nested）的结构，通过在轮流活动中自我实施的有效监督，克服人们在公共活动中的"搭便车"现象；而"八月十五修路"的习俗，则是通过仪式化的体化实践，将这项修路惯例及其实质意义深深镇刻于人们的身体，让身体滋生一种社会习惯记忆，不断延续着人们在村庄道路修建中的自觉职责与使命。诺斯说，历史是重要的，因为我们可以从历史中窥见社会制度的起源及发展路径，并通过社会制度的连续性，将过去与现在、未来联结起来（诺斯，1994：1）。我们认为，历史确实是重要的，因为我们在历史中找寻到了村庄自有的社会秩序与力量，并在此基础上发展出其独特的，也可能是不可替代的延续逻辑与机制。

第八章 整合式的非正式制度

从第三章至第七章的内容，是本书的实证研究和分析的主体部分。我们采用了深度访谈的定性研究和问卷调查的定量研究相结合的方法，对个案村庄 T 村中的公共物品供给情况进行了深入研究和分析。我们在非正式制度的理论框架下，考察 T 村的公共物品供给情况。首先，对 T 村的村庄历史、经济水平、人口结构以及宗族情况等做了全面的了解；其次，由村庄历史和宗族情况等引出 T 村的公共生活以及其中所蕴含的各项非正式制度；再次，从村庄公共生活延伸到村庄中各项公共物品供给的历史情况和现状；最后，第六章和第七章深入讨论和分析了 T 村中自发生长的各项非正式制度与村庄公共物品供给之间的关系问题。在最后一章，我们将简要概括和总结本书的研究发现，以及针对研究中所涉及的相关问题展开讨论，尤其将讨论非正式制度与正式制度的相关问题。同时，也反思本项研究的某些不足之处，并展望今后可以继续深入和进一步开展的研究。

8.1 研究发现

近年来，不少学者对农村公共物品供给的相关问题进行了广泛的讨论。总结归纳起来，已有的研究主要是在治理理论和国家—社会关系理论的框架下，从制度因素、经济因素和社会因素三大视角对影响农村公共物品供给的问题进行研究。但是，现有研究有许多不足：首先，大部分的研究主要集中于农村公共物品供给的现状、存在的问题、对策和供给制度的变迁等理论上的分析探讨，而较少有学者进行深入的实证研究。其次，已有的理论分析框架侧重于对宏大的正式制度因素、经济因素和社会因素对普遍性的农村公共物品供给问题进行研究，较少有学者做深入的实证个案研究，探讨村民个体的行动逻辑对村庄公共物品供给的影响，特别是分析其特定的村庄环境如何通过影响村民个体的行动逻辑和参与程度，最终影响村庄的公共物品供给。

本书通过对一个个案村庄的实证研究与分析，试图了解在个案村庄公共物品供给过程中，个体村民是如何被组织与动员起来，积极参与到公共物品的供给活动中（捐资或者投入义务工）？是哪些因素促使村民在集体行动中克服了"搭便车"和"机会主义"现象，促成村庄公共物品的成功供给？我们着重考察个案村庄中自发生长的、特有的非正式制度如何影响着村民在村庄公共物品供给中的参与程度和行为表现，最终影响了村庄公共物品的供给情况？从这些问题出发，我们结合运用定性访谈和定量问卷调查的研究方法，对个案村庄 T 村进行了深入研究和分析，主要得出以下几点结论。

8.1.1 缺乏正式的宗族组织并不妨碍村庄对宗族公共事务的有效治理

第三章中，我们对个案村庄的基本情况做了全面的了解，包括村庄历史、地域特征、经济水平、人口结构以及宗族构成情况等。我们发现，T 村最突出的一个特点是它是一个有着数百年历史的单姓宗族村庄。莫里斯·弗里德曼在研究了中国东南地区的宗族情况后指出："几乎在中国的每一个地方，几个紧密相连的村落构成乡村社会的基本单位。氏族通常只是村落的一个部分。但是在福建和广东两省，宗族和村落明显地重叠在一起，以致许多村落只有单个宗族。"（弗里德曼，2000：1）T 村正是弗里德曼所说的"宗族与村落"相重叠的单姓宗族村庄。按照学者林耀华（2000）的观点，宗族内部的权力结构一般存在于两种最基本的宗族组织形式之中：一是宗族中以辈分和年龄划分而成的权力结构即"族房制"；二是正式的宗族组织主要是指"祠堂会"（或称为宗族理事会）。"族房制"与"祠堂会"是一般宗族中最为常见的两种基本组织形式，并由此形成宗族最基本的权力结构，对宗族内部各项活动与事务进行治理。然而，我们在 T 村的实证调查中发现，有着数百年历史的单姓宗族村庄 T 村并不存在最基本的宗族组织：族房制或祠堂会。T 村温氏族人的房门界限早已淡化模糊、不存在房长的说法；虽然在清朝雍正年间修建了温氏祖祠，但并没有发展起祠堂会的组织。

127

然而，缺乏正式的宗族组织，并不意味着 T 村中的宗族族人是一盘散沙。数百年来，T 村保留了各项丰富的与温氏宗族相关的传统活动，T 村中最主要的公共生活和公共物品也都是围绕村庄宗族而展开。一直以来，T 村村民在缺少正式宗族组织的情况下，依然可以被很好地动员和组织起来参与各项公共事务和公共活动。长期以来，大部分与宗族相关的传统活动和宗族事务在 T 村都得到了有序开展和有效治理。通过进一步的分析，我们将发现这其中的原因，与本书主要讨论的村庄中的非正式制度是分不开的。

8.1.2 分析农村公共物品供给问题的新视角：非正式制度

我们在梳理了已有的研究成果后，发现了村庄农民在村庄公共物品供给中的重要作用。因为从长远来看，村庄中的经济环境和正式的供给制度的变化，可能会改变村庄农民在农村公共物品中筹资和供给的主体地位。但是，不可否认的是，村庄农民始终是农村公共物品的消费主体。作为供给主体，我们可能需要考察农民的筹资和供给意愿对农村公共物品供给的影响；而作为消费主体，我们可能需要考察农民的民主参与和监督对农村公共物品供给制度的影响，进而影响着村庄公共物品的供给。所以，不论是作为农村公共物品中的供给主体还是消费主体，"农民的行动逻辑"不可避免地会对村庄公共物品供给的情况产生影响。

已有的对农村公共物品供给的研究，主要是在治理理论和国家—社会关系理论的框架下，从制度因素、经济因素和社会因素三大视角进行的研究（参见本书第一章）。而本项研究发现，在特定的村庄内部，村庄的整体环境，特别是村庄中因历史和社会等因素而催生的各项非正式制度，对村庄中的个体有着不可忽视的影响作用。非正式制度不仅形塑着村庄个体的个人行为，也在很大程度上制约和影响着个体的社会行为。由此，非正式制度即是通过影响村庄个体在公共物品供给中的捐资行为影响着村庄的公共物品供给情况。

这里的非正式制度看似新的分析视角，但还是在原有的理论框架之下，只不过综合了制度因素和社会因素的视角。我们认为，在研究村庄公共物品供给中，制度因素和社会因素并不是相互孤立的两个因素，非正式制度正好连接了制度因素和社会因素。非正式制度的分析视角和制度分析方法来自制度学派（参见本书第二章）。尽管从制度学派的起源和发展来看，制度学派有新、旧制度学派之分，同时，新制度学派下各个学科因各自不同的学科背景更是发展出不同学科视角的制度派别，但从总体来看，所有的制度学派都是强调制度在分析和研究问题中的重要性，都是从制度视角、采用制度分析的方法研究和分析问题。然而，在所有的制度视角中，还是有一个显而易见的分水岭，即将制度分为正式制度和非正式制度。已有的对农村公共物品供给的研究理论中，考虑到了制度因素的作用，不过大部分的研究只看到了正式的制度安排或外在正式的民主制度环境对农村公共物品供给的影响，而少有研究者关注到非正式制度的作用。首先并全面地对非正式制度的概念进行界定的是美国学者道格拉斯·诺斯。按照诺斯的观点，制度可以降低人们相互作用的成本，是社会的博弈规则，或是人类设计的制约人们相互行为的约束条件。这些约束条件可以是有意识设计的正式规则（包括政治/司法规则、经济规则和合约），也可以是非正式规则，包括禁忌、社会规范及传统习俗等（诺斯，1994：64）。这里的非正式规范即是非正式制度。他进一步说明，非正式制度是与正式制度相对应的、同样对人们的行为起到约束作用的一系列规则，它们并非经过人们有意识的设计，而是在人们长期的社会交往中自发形成，并被人们无意识接受的行为规范，主要包括意识形态、价值观念、道德观念及风俗习惯等（诺斯，1994）。从诺斯对非正式制度的界定来看，非正式制度主要包含了社会中的习俗、惯例、意识形态等。笼统地看，这些因素也可以被视为社会因素。所以，我们认为制度因素和社会因素并不是完全孤立的两种因素，其中的非正式制度将两者很好地连接在一起。因此，本书中所采用的非正式制度分析视角，并非创新的理论框架，而仍然是在已有理论框架下的一种新的分析视角而已。

由于 T 村历史源远流长，同时带有明显的单姓宗族特征，所以村庄所有的传统活动、习俗以及公共生活基本上都是围绕温氏宗族而展开的。从迁居高阳至今，历经数个朝代，已近千年的时间，T 村中的温氏族人一直保留了每年例行的几种传统习俗及活动。主要包括以下四项：一是每年农历四月初十，祭拜地方神"田公元帅"；二是每年农历八月十五，T 村 8 个自然村落中每家每户村民都自愿参与集体修路；三是每年冬至，祭扫温氏祖祠和太祖墓；四是每年元宵佳节，为天上圣母庆祝生辰，同时祭拜诸神（参见本书第四章）。

　　每年农历八月十五村落集体修路的活动，是 T 村每个村落中的独立事件。每个自然村落只需在农历八月十五那一天修理好自己村落的村道即可，同时，并无其他烦琐的仪式。而且这项活动通常是每个村落内部自发的集体活动，无须进行组织。除了这项活动外，其余三项活动（四月初十、冬至和元宵节），虽然具体的活动也是在每个自然村落单独开展，但却有活动开展的安排次序。活动在每个自然村落轮流举办，每个村落举办的具体时间都在次序链条中。同时，相比于"八月十五修路"的活动，这三项活动带有更强的宗族特性，因此活动之中包含了纷繁复杂的各项仪式。由于这三项活动涉及范围较广，活动仪式较多，进行组织和开展的过程也更加复杂。从第三章中，我们知道 T 村虽是单姓宗族村庄，却不存在任何正式的宗族组织。如此，我们需要进一步考察，T 村中各项与宗族相关的活动和公共事务如何得以有序组织和有效开展？对一项参与人数较多、过程较为复杂的公共/集体活动的组织，离不开一定的制度/规范对所有参与成员的行为进行制约和引导。然而，我们在 T 村中找不到任何与活动组织相关的、成文的村规民约或族规祖训。如果不存在任何正式的制度/规范对参与活动成员的行为进行制约，那么可能存在某些不成文的规范起到了相似制约功能的替代作用。

　　经过对资料和数据的初步分析，我们发现在 T 村的各项传统集体活动中，虽然缺乏正式制度保障活动的开展，但是却不乏各种形式的非正式制度：不仅作为传统习俗的各项活动本身是一种非正式制度，而且各种活动的非正式组织形式（"头家轮流制"）、作为 T 村村民朴素价值和道德观念体现的"俗语"等都属于非正式制度的范畴。我们预设，正是这些非正式制度的存在，在一定程度上弥补甚至替代了正式制度本应发挥的制约功效，最终成为 T 村公共生活中最主要的维系纽带。

8.1.3　非正式制度通过"多中心制"和"社会习惯记忆"的机制发生作用

　　为了便利考察和研究，我们将 T 村的公共物品供给简单划分为非生产性公共物品和生产性公共物品，并分别考察了 T 村中非生产性和生产性公共物品供给的历史情况和现状。我们考察的 T 村中的非生产性公共物品主要是指村庄中与宗族、宗教活动相关的公共物品和项目，其主要包括：村庄中修建的宗祠、宗庙、寺庙以及村庄每年例行的宗族活动中所涉及的公共集资与相关事务等，也可以称其为宗族性公共物品；生产性公共物品主要包括：农田水利、生活饮用水、学校、道路、路灯等。通过考察，我们发现在祖祠、宗庙等的修建过程中，虽然临时成立的温氏理事会起到了一定的组织带头作用，但在具体的筹资过程中，实际的筹资者是 T 村各个村落轮流制中的"头家"，集资的对象主要是村庄中的每一户村民；而在每年例行公共活动的集资中，筹资者一定是各个村落轮流制中的"头家"，集资的对象是各个村落中的每一户村民。所以总的来说，T 村中宗族性的公共物品供给主要依靠各个村落中的"头家"组织，由村庄的每一户村民捐资而得；同时，回溯 T 村生产性公共物品供给的历史和现状，我们发现大部分的生产性公共物品因为耗资较大，而主要依靠政府财力的支持。无论历史上，T 村中农田水利的看管、生活饮用水、学校和道路等如何依靠村庄自己的力量供给，但到目前为止，村庄已经无力再支撑这几项公共物品的开销。农田水利、生活饮用水、学校这三项公共物品或是由国家政府承担，或是已经放弃，T 村的村民也不再参与供给。只有道路修建这一项依照"公办民助"的原则，T 村村民在这一项公共物品供给中的参与率依然很高。（参见第五章）

我们还分别探讨和分析了村庄中的非正式制度是如何作用于 T 村的公共物品供给情况。由于作用机制的不同，我们同样将非生产性公共物品和生产性公共物品分开进行讨论。第六章中，通过对 T 村非生产性/宗族性公共物品供给情况的研究和分析，我们发现，T 村中自发生长的"头家轮流制"，在村庄非生产性公共物品的有效供给中起到了最关键的作用。经过实证调查和分析，我们证实了作为非正式制度的"头家轮流制"在 T 村公共生活中的重要作用：它在很大程度上保证 T 村各项宗族活动的有序进行和各项宗族性公共物品的有效供给。同时，我们结合奥斯特罗姆的"多中心自主治理理论"进行分析，发现在这个过程中，"头家轮流制"的作用机制正是多中心制。多中心理论一般被运用于自主治理中，以多个权力中心（如多层级政府）或服务中心（包括政府、企业、非营利组织或社会团体等）同时并存为条件，通过"合作—竞争—合作"的方式，有效解决治理中的监督和集体行动困境，最终为公民提供最大化和多元化的利益需求。T村中"头家轮流制"的运作模式，使得8个自然村落之间以及每个村落内部均形成若干个权力中心。多个权力中心同时并存的情况下，各个权力中心之间通过合作、竞争以及监督等手段，克服了T村村民在各项公共活动和公共物品供给中的集体行动困境，最终达成集体合作，保证了T村宗族公共活动的有序开展和宗族性公共物品的有效供给。

第七章，我们继续讨论了T村的非正式制度与村庄生产性公共物品供给之间的关系。我们通过数据分析，研究了作为村庄传统习俗之一的"八月十五修路"与T村近十年来颇具成效的水泥村道供给之间的关系。通过对数据进行逻辑斯蒂回归分析，我们证实了T村中作为非正式制度的特定习俗对生产性公共物品供给具有重要的积极影响。具体来说，T村村民在每年不断重复"八月十五修路"活动的基础上衍生出对修路活动的"社会习惯记忆"（康纳顿，2000）。社会习惯记忆的作用机制是，只要社会环境结构不发生重大变化，人们便会习惯性地不断重复这样的体化实践，并不会理性地考量这一体化实践的利与弊。长期以来，T村村民在不断重复着"八月十五修路"这一体化实践，在此基础上形成了关于修路的社会习惯记忆。每年的农历八月十五，不需要任何人带头组织，家家户户村民都会自觉地加入村庄修路的集体活动。在"社会习惯记忆"的作用下，"八月十五修路"这一非正式制度促进了T村村民在水泥村道修建集资活动中的捐资行为，从而促成村庄道路的成功供给。

由此，我们发现在个案村庄中，大量存在的非正式制度并非直接作用于村庄公共物品的供给情况，而是通过"多中心制"和"社会习惯记忆"这两种机制对村庄村民在公共物品供给中的参与程度和行为表现产生积极影响，从而最终对村庄的公共物品供给起到积极有效的促进作用。

8.2 "多中心制"与"社会习惯记忆"

上一小节，我们对本书的研究发现做了简要的概括和总结。在这一小节，我们将继续就研究发现的一些相关问题进行讨论。我们将主要针对T村中的非正式制度在村庄公共物品供给中的两种作用机制展开讨论。

8.2.1　共时性和理性的"多中心制"

虽然"多中心"的概念最早是由英国学者迈克尔·博兰尼在《自由的逻辑》一书中提出，但本书中所讨论的多中心制，其理论来源于奥斯特罗姆后来进一步发展的"多中心理论"。埃莉诺·奥斯特罗姆在《制度激励与可持续发展》一书中指出："多中心治理结构为公民提供机会组建许多个治理当局。"（奥斯特罗姆，2000：204）所以，多中心理论一般被运用于自主治理中，以多个权力中心（如多层级政府）或服务中心（包括政府、企业、非营利组织或社会团体等）同时并存为条件，通过"合作—竞争—合作"的方式，有效解决治理中的监督和集体行动困境，最终为公民提供最大化和多元化的利益需求。本书中所呈现的多中心主要是指，"四月十"、冬至祭祀和元宵祭神等一系列活动的举办时，在"头家轮流制"的运作模式下，T村的8个自然村和每个自然村内部呈现出多中心的状态。T村每年在"四月十"、"冬至"和"元宵节"这三个重要节庆中举办大量丰富的庆典和仪式，看似纷繁复杂，但事实上从其运行模式来看，呈现一个显著特征——多中心形态：由于"头家轮流制"的运作模式，8个自然村落形成了8个权力中心；每个自然村内部也因随机组合形成若干个权力中心。正是这些多中心之间通过相互监督、竞争与合作的方式促进了T村宗族活动的有效治理。

不过我们这里所讨论的"多中心"并不是奥斯特罗姆的"多中心理论"的完全呈现。奥斯特罗姆的"多中心"理论最主要强调的是"多个决策中心"和"多种选择"。在我们的研究中，"多中心"主要是指"多个决策中心"或者"多个权力中心"。不论是8个自然村落之间所形成的8个权力中心，还是每个自然村落内部以若干户"头家"为基础形成的若干个权力中心，这些权力主体之间在公共物品供给方面并不存在差异性或互补性，换句话说，他们并不为村庄内部的公共物品供给提供"多种选择"。"多个权力中心"之间更多的是通过相互竞争和监督的方式达成公共物品的供给。这样的"多中心制"正是T村中"头家轮流制"在宗族性公共物品供给中的作用机制。从以上的分析来看，我们可以对"多中心制"的性质做一个基本的判断。"多中心制"是一个共时性和理性的概念。首先，它的"共时性"是指"多中心制"是从横断面/横向的维度对现象做出描述和分析。"多中心制"中的"多个权力中心"是同时并存和相互作用的，其间不存在历史性的关系。其次，它的"理性"是指人们在"多中心制"的作用下，是相对清醒和理性的状态。具体表现在 T 村的宗族性公共物品供给中，由于"多中心制"的作用，作为不同权力中心的村落或个体之间的相互竞争和监督状态，是一种有意识和理性的行为。理性的行为是追求效益的，奥斯特罗姆的多中心理论也证实了这种治理形态的有效性，所以数百年来，村庄中宗族性的公共事务也主要通过"头家轮流制"进行治理。

8.2.2 历史性和非理性的"社会习惯记忆"

"社会习惯记忆"是美国学者保罗·康纳顿在已有的社会记忆理论的基础上发展而来的。他在其著作《社会如何记忆》一书中介绍了社会习惯记忆的含义。首先，康纳顿根据记忆理论，将记忆划分为三种记忆申述（memory claims）的类别：第一类记忆申述是个人记忆申述，指那些把个人生活史作为对象的记忆行为；第二类记忆申述是认知记忆申述，涉及对"记忆"的利用；第三类记忆申述是习惯记忆申述。"习惯记忆"在于我们有再现某种操演的能力。回忆的内容指向过去，但我们并不经常去回忆我们何时何地掌握了正在讨论的这种知识，我们常常仅通过现场操演，就能够认可并向其他人演示，我们确实记得。它留下了一种习惯的所有痕迹，我们越是记得这类记忆，我们就越是较少有可能回忆在此涉及的我们的过去所作所为的某种场合；只有当我们陷入困境时，我们才可能求助于我们作为指南的回忆（康纳顿，2000：20）。

不过这里所指的"习惯记忆"仍然包含"个人习惯记忆"和"社会习惯记忆"。多少有些琐碎的纯粹的个人习惯可能会被他人解释成有意义的，但大多数情况下，个人习惯不像它在一个公认意义系统中依赖他人的常规性期待那样，对于他人有意义。我们所要研究的不是个体，而是某个群体，所以我们更多关注的是社会习惯记忆。按照康纳顿的理论，社会习惯本质上是属于一个特定社会中，符合社会规范的、并被这一社会中的成员不断重复的体化实践（社会操演）。它还是属于习惯的范畴，只要社会环境结构不发生重大变化，人们便会习惯性地不断重复这样的体化实践，并不会理性地考量这一体化实践的利与弊。社会习惯记忆则加入了记忆的成分。作为一项长期被人们重复实践并形成习惯的社会行为，人们不可能做到将记忆从这项行为中排除出去。因为，本质上作为一种体化实践的社会习惯，也会拥有如体化实践般的特别的记忆效果：在体化实践中，个体不仅强化了对这一行为本身的习惯记忆，同时也强化了关于这一社会习惯的社会记忆。换句话说，"社会习惯记忆"是一体的，我们无法将"社会习惯"与"记忆"拆开而分别进行讨论。

社会习惯记忆的作用机制是，只要社会环境结构不发生重大变化，人们便会习惯性地不断重复这样的体化实践，并不会理性地考量这一体化实践的利与弊。本书中所呈现的"社会习惯记忆"主要是指长期以来，T村村民在不断重复着"八月十五修路"这一体化实践，在此基础上形成了关于修路的社会习惯记忆。每年的农历八月十五，不需要任何人带头组织，村民们都会以户为单位自觉地加入村庄修路的集体活动。由于社会习惯记忆的作用，只要涉及本自然村内修路的事情，村民并不多做理性的计较与思考，而是追随以往修路的社会习惯记忆，积极对村庄的修路集资予以配合。由此，在T村生产性公共物品供给（主要指水泥村道的修建）中，"八月十五修路"这一习俗可以通过"社会习惯记忆"的作用机制，增进村民在修建水泥村道中的自愿捐资与合作行为，从而促进了村道修建的成功。通过这些分析我们可以发现，从概念的性质上讲，"社会习惯记忆"是一个历史性和非理性的概念。它的"历史性"是指，研究中我们是从纵向的历史维度来考察"社会习惯记忆"的作用过程，换句话说，"社会习惯记忆"只有在历史的维度中才可能发挥效用。它的"非理性"则主要指，在"社会习惯记忆"的作用下，只要整体环境不发生大的改变，人们便会习惯性地不断重复某些行为，这个过程中，人们常常只听从自身的习惯和记忆，并不会理性地算计和思考其行为的利弊问题。

8.2.3 多中心制的延续依赖于社会习惯记忆

从以上的分析可以看出，多中心制和社会习惯记忆并非两种相互孤立的作用机制，两者之间似乎存在一定的联系。首先，多中心制和社会习惯记忆两者都是个案T村中非正式制度在公共物品供给中的作用机制。在非生产性/宗族性公共物品供给中，T村的非正式制度主要通过

"多中心制"起作用；而在生产性公共物品供给中，T村的非正式制度则通过"社会习惯记忆"发挥效用。其次，从性质上看，"多中心制"属于共时性和理性的概念，而"社会习惯记忆"则是历史性和非理性的概念，两者在概念性质上正好相反。既然两者都是非正式制度的作用机制，而且多中心制是共时性的概念，社会习惯记忆是历史性的概念，那么，若从历史性的维度去考量多中心制，它是否会与社会习惯记忆发生交叠？

我们知道，在T村中，多中心制是"头家轮流制"的作用机制。所以，要考察多中心制的历史性，就是考察T村中"头家轮流制"的起源和发展问题。虽然我们无法准确地界定T村中的"头家轮流制"具体是在哪一年形成的，不过，我们可以确定的是，"头家轮流制"最早运用于T村的几个自然村落之间。在宋朝温氏始祖迁徙至此之初，所有温氏族人都聚居于仙游高阳山上，T村并未被开发。经过数朝数代的艰难繁衍，温氏后嗣人丁才见兴旺，逐渐分居于今仙游和永泰两县交界周围的十余里山区。由于山脉阻隔，交通不便，温氏族人在这片山区形成了十余个大小不等的自然村落（参见本书第三章）。由于地势原因，每年例行的几次宗族公共活动都无法统一在一个固定的村落举办，这样才发展出每次以每个自然村落为"头家"在不同村落之间轮流举办宗族活动的"头家轮流制"。在多中心制的作用下，"头家轮流制"总能在治理宗族性公共事务中发挥强力效用。随后，在村落内部公共事务的处理上，由于每个村落人数的逐年增加，也加剧了发生"搭便车"现象的可能性（奥尔森，1996）。① 这样，每个村落内部也逐渐借用了运用于村落间的"头家轮流制"，以处理村落内部的宗族性公共事务。

不过，我们仍然要进一步追问，为什么作为一种非正式制度的"头家轮流制"可以在村庄宗族性公共事务的治理中延续如此长远的时间，以至于T村不像一般宗族村庄一样发展出正式的组织或制度（族房制和

---

① 奥尔森在《集体行动的逻辑》一书中提出了著名的"搭便车理论"。其中心论点是：公共物品一旦存在，每个社会成员不管是否对这一物品的产生作出过贡献，都能享受这一物品带来的好处。公共物品的这一特性就决定了，当一群理性的人聚在一起想为获取某一公共物品而奋斗时，其中每一个人都可能想让别人去为达到该目标而努力，而自己则坐享其成。这样一来，就会形成中国俗语常说的"三个和尚没水喝"的局面。这就是由"搭便车"行为所带来的所谓集体行动困境的后果。随后，奥尔森进一步指出，由于存在四种机制，搭便车问题会随着一个群体中成员数量的增加而加剧（奥尔森，1996）。

祠堂会）？如果说，一开始"头家轮流制"的产生和运用是由现实因素造成的——散居的几个村落，有着山脉阻隔，每次选取一个固定地点统一举办全宗族性的公共活动确实多有不便。不过，到了中华人民共和国成立前后，所有高阳温氏族人基本都已经搬迁至 T 村境内，各个自然村落间相互毗邻，早已不存在地域阻隔的问题。那么，为什么 T 村的宗族内部一直不曾发展出正式的宗族组织和权力结构？我们仅仅用多中心制的"有效性"足以解释"头家轮流制"的延续问题吗？

在前面的章节中，我们曾提到过在 1997 年，为了新修温氏族谱和翻修温氏祖祠而临时成立了一个温氏宗祠理事会（参见本书第三章）。当时，为了便利组织村民筹资用于新修温氏族谱和修建温氏祖祠，由村里辈分较高又热心于宗族公共事务的几位老人发起，成立了 T 村历史上第一个正式的宗族组织——温氏宗祠理事会。不过，这样一场有意而为的正式制度安排，在具体工作实践的考验中，却败给了 T 村原有的非正式制度——"头家轮流制"。在具体的筹资过程中，不论是村落内部的筹资还是整个 T 村范围的筹资，温氏理事会的执行常务往往需要把具体的筹资工作委托给村落内部的"头家"实行。最后，大部分的筹资工作基本都是由那一年村落内部的"头家"收齐上交。温氏宗祠理事会成立的第一年，也成立了一个理事会的常务委员会，试图对 T 村每年例行的几次宗族性公共活动进行管理。然而，每个村落每年例行的几次宗族活动的开展依然依照旧制"头家轮流制"，有序而有效地开展，温氏宗祠理事会的常务委员根本无法插手村庄内部的宗族事务。到目前为止，温氏宗祠理事会已基本上形同虚设了：它不仅没有组织规范、没有组织权力，甚至连组织成员也逐渐凋零。

人们有意设计的正式制度安排（温氏宗祠理事会）输给了村庄内部自发生长的非正式制度（"头家轮流制"），非正式制度如此有力、坚不可摧，除了"头家轮流制"有效性的解释之外，我们还可能从"社会习惯记忆"的机制中找到答案。数百年来，每年不断重复几次的"头家轮流制"的运作模式，已经在高阳温氏族人的脑海中根深蒂固，形成关于处理村庄宗族性公共事务的社会习惯记忆，早已成为他们习惯性的行为模式。因此，"社会习惯记忆"在"头家轮流制"数百年的延续中也起到了举足轻重的影响作用。从历史性的维度考察"多中心制"，"多中心制"的延续在很大程度上也依赖于"社会习惯记忆"的作用。

8.3 整合式的非正式制度

8.3.1 不可替代的非正式制度

制度对人们日常生活互动以及社会发展的重要性是无可争议的，道格拉斯·诺斯在其著作《制度、制度变迁与经济绩效》中重点讨论了制度的本质以及制度对经济（社会）绩效的影响。他认为，制度是一个社会的博弈规则，制度构造了人们在政治、社会或经济领域里交换的激励。制度在社会中的主要作用，是通过建立一个人们互动的稳定结构来减少不确定性（诺斯，2012）。在这本著作中，诺斯首次从经济学的角度揭示了制度在经济绩效中的影响作用，并为之提供了一个基本的分析框架。同时，他也首次将制度明确区分为非正式制度与正式制度，并系统地对其分别进行分析与阐述。那么，他所指称的制度的重要性，其中亦包括非正式制度的重要性。但大部分的制度分析学者往往过于关注正式制度所发挥的作用与影响，而忽略了非正式制度的重要性。非正式制度的重要性，在诺斯这里才得到关注与体现。当然，诺斯主要是从理论层面探讨非正式制度对于人们日常生活及其在制度变迁中的重要作用，而在这里，我们从 T 村案例分析中直接验证了非正式制度对村庄公共物品供给的重要影响。更重要的是，在村庄公共物品供给的具体集资案例中，我们看到了非正式制度所发挥的作用不仅仅是作为正式制度的一种补充，更有其不可替代的部分。

T 村的非正式制度对村庄公共物品供给的积极影响，主要体现在作为非正式制度的"头家轮流制"促进了人们在宗族性公共物品供给（如翻修祖祠、宗族性公共活动——"四月十"、冬至祭祖等的组织开展）中的捐资行为，而"八月十五修路"的习俗惯例，促进了人们在数次的村庄水泥道路修建的捐资行为。在具体的集资案例分析中，我们发现并非正式制度的缺失为非正式制度提供了影响空间，而是在正式制度无法发挥有效影响的情况下，非正式制度起到了不可替代的补充作用。

我们首先回顾 T 村宗族性公共物品供给中的集资情况。在村庄每年例行的几次公共活动，如"四月十"、冬至祭祖以及元宵祭神活动，每次活动的组织开展以及活动所需要的公共资金集资都依赖于"头家轮流制"，依靠"头家"集资并组织活动。但为了翻修温氏祖祠与编撰温氏族谱，T村于1997年成立了温氏理事会。并由温氏理事会成员负责集资，组织温氏族谱的编撰与温氏祖祠的修建工作。集资并非一帆风顺，温氏理事会成员只在散落于T村周边其他村庄的温氏成员集资了部分资金，而在T村内部，集资工作遇到重重障碍。虽然温氏理事会成员多是T村中一些德高望重的老人担任，但他们要在每个村落内部集资，仅仅依靠辈分的威望显然是不够的。我们在具体的案例分析中了解到，T村村民对温氏理事会成员的信任程度明显低于对村落"头家"的信任（参见表6-4、表6-5）。以至于最后，温氏理事会只好将集资任务委托给各个村落当年的"头家"完成。其次，我们再回溯几次水泥村道修建的集资情况。事实上，这些项目是在社会主义新农村建设大背景下开展的，项目的组织与实施者本应是政府，更确切地说，应该由T村的村委会发起与组织。在T村，几次水泥村道修建的集资，确实是由村委会发起与组织。但是在具体的案例分析中，我们了解到，这些集资的成功离不开村委会组织时所采用的动员策略。在对T村党委书记的访谈中，他坦言"几次的水泥村道修建集资，都是利用T村'八月十五修路'习俗给村民带来的义务感进行动员的"。我们通过数据分析，也验证了"八月十五修路"这项习俗所带来的社会习惯记忆，在T村村民修路集资中起到了最重要的积极作用。换句话说，如果没有这项传统习俗，将难以动员村民为修建水泥村道而捐资。因此，我们在具体案例中看到，如果不是非正式制度的作用，正式的组织如温氏理事会或村委会，都难以成功组织村民进行捐资，难以有效地为村庄提供公共物品。一方面，我们可以说在村庄的公共物品供给中，非正式制度对正式制度起到了积极有效的补充作用；但另一方面，实际上非正式制度发挥了正式制度所不曾有的积极效果。从这个意义上说，非正式制度是不可替代的，至少在T村案例中的非正式制度是不可替代的。

8.3.2 非正式制度的来源与作用

我们考察与研究T村的公共物品供给问题，实际上不断说明与验证的是非正式制度的重要性。我们说过，道格拉斯·诺斯是第一个首次阐述非正式制度重要性的学者。诺斯认为，很多情况下非正式制度并不能被详述，而且对其显著性进行无争议的检验也是特别困难的事，但它们却是重要的。他进一步指出："在当代西方世界，虽然是正式的法律与产权为生活和经济提供了秩序，然而，正式规则，即便是在那些最发达的经济中，也只是形塑选择的约束的很小一部分（尽管非常重要）。只要略加思索，我们就会发现非正式约束的普遍存在。在我们与他人的日常互动中，不论是在家庭内部，还是在外部的社会交往中，还是在事业活动中，支配结构的绝大部分是由行事准则（codes of conduct）、行为规范（norms of behavior）以及惯例（conventions）来界定的。"（诺斯，2012：50—51）

诺斯认为，非正式制度来源于文化，它们来自社会传递的信息，并且是我们所谓的文化传承的一部分（诺斯，2012：51）。非正式制度也来源于熟人社会密集的社会网络之中。在没有国家、没有正式制度的社会里，秩序该如何维持？在没有国家与正式规则的情况下，稠密的社会网络使得非正式结构能大体稳定地发展，这些非正式的结构或制度可称为习俗、惯例或社会行为规范等。而且，这些非正式制度是普遍存在的，它们的出现是为了协调重复进行的人类互动。这些普遍存在的非正式制度本身就是重要的。诺斯认为，（1）非正式制度是正式制度的延伸、阐释和修正。这些非正式制度是为了解决特定的交换问题而从正式制度中演化出来的，虽然它们从未进入过正式制度，但也逐渐成为一种公认的制度约束；（2）非正式制度是由社会制裁约束的行为规范。在很多时候，作为非正式制度的社会规范左右和约束了人们的行为选择，而不是正式制度；（3）非正式制度也是内部实施的行动标准。很多时候，内部实施的行动准则只能在非正式制度的语境中才能得到解释。很多研究文献已经表明，为观念、意识形态和信念支付的价格越低，它们对选择的意义及影响就越大。从诺斯的观点来看，非正式制度的重要意义，不仅在于它们的起源与存在，还在于它们在社会变迁中的重要性。对包含在非正式制度中的信息进行文化处理，使其在制度的渐进演化中起着重要的作用，从而成为路径依赖的根源。文化渗透的非正式制度带来了连续性，以至以往那些解决交换问题的非正式方式被带到了现在，并且，这些非正式制度还成为长期社会变迁的连续性的重要来源。同样重要的一个事实是，从文化中衍生出来的非正式制度不会立即对正式制度的变化作出反应，因而，已改变了的正式制度与持续存在的非正式制度之间的紧张关系所导致的社会后果，对理解经济变迁的方式有着重要的影响（诺斯，2012）。最后，诺斯对非正式制度的来源和作用做了总结："非正式制度来源于价值的文化传递，来源于为解决特定的交换问题而对正式规则的扩展与应用，来源于解决简单的协调问题的方法。总体而言，它们对制度结构有着广泛的影响。有效的传统如勤劳、诚实和正直等，能降低交易费用，并促成复杂的、生产性的交换。这种传统又会为支撑这种态度的意识形态所强化。这些态度与意识形态从何而来？它们又是如何变化的？行为人的主观感知并不仅仅来源于文化，它还不断地被经验所修改，而经验则经过了现存的（文化决定的）心智构念的过滤。因而，相对价格的根本性变化将逐渐地改变规范与意识形态，并且，信息的成本越低，这种改变就越是迅速。"（诺斯，2012：190）

较为系统地阐述非正式制度的来源、作用等相关问题的学者还有美国的政治学者杰克·奈特（Jack Knight）。他研究的是社会制度问题，但重点阐述的却是影响着我们日常生活的一系列社会习俗、规则和准则，即非正式制度。他在其著作《制度与社会冲突》中重点研究的是习俗、准则、权利和规则等这些非正式的基本网络是如何发展和变化的，以及这些非正式制度的变迁对社会其他正式制度的影响（奈特，2010）。奈特首先将社会制度简单界定为：社会制度是一套以某些方式建构社会互动的规则，相关团体和社会的每个成员都必须了解这些规则（奈特，2010：2）。这些社会制度对社会生活的影响是重大的和多种多样的：它们构建了男女和家庭生活日常事务之间的关系；它们确立了邻里或社会成员之间的行为准则；它们还成了代际社会知识和信息传递的一个重要来源。这些非正式的制度构成了大量的正式制度组织和影响经济及政治生活的基础。在很多方面来说，法律等正式制度，都只是非正式习俗和准则的正式化。

"为什么我们会有这么多的社会制度？"这是奈特在著作开篇提出的一个问题。对于制度变迁的经典学说，他根据它们对社会制度特有效应的不同强调将其划分为两类：第一种是关于发展与变迁的观念，着重强调社会制度对于整个社会而言的集体利益。主要代表人物有托马斯·霍布斯、大卫·休谟和亚当·斯密。他们主要使用三种机制来说明社会制度的演化，通过自发形成、市场协调交易以及社会选择演化出了有益于集体利益的社会制度。第二种观念则强调这些制度的差别性利益，指出利益框架会给团体中的某一部分人带来不相称的利益，即强调社会制度带来了利益的冲突。这一观点的代表人物有卡尔·马克思与马克斯·韦伯。对马克思而言，社会和制度变迁不是一个持续性集体改善的平稳过程，而是在稳定状态与重大变革之间的一系列波动，每次变迁都搅乱了那些最受益于主流制度安排的社会群体；韦伯对社会制度怀有类似的固有偏见，他的著作试图说明，为什么偏好某些社会群体的社会制度存活了，而偏好社会其他群体的制度则消亡了（奈特，2010）？紧接着，奈特梳理了关于社会制度起源与变迁的当代理论，大部分关于制度变迁的当代理论，都认为社会制度是自发形成的。奈特认为其中解释社会的习俗和准则网络的理论，最具影响力的系统阐述来自哈耶克的文化演化理论，为那些自发社会秩序的分析提供了框架。哈耶克认为，关于社会的行为规则是"人们行动的结果，而不是人们设计的结果"（哈耶克，1967：96）。同样，社会习俗理论认为，大量现存的习俗是重复的社会互动的非有意的结果。而奈特对于所有制度变迁理论的梳理，目的在于给出自己不同的解释框架。奈特仍然认同社会制度是自发形成的观点，但对于社会制度的起源和变迁的制度分析，最关键的因素在于制度的分配差异与力量不对等。构成社会基础的非正式制度产生与自发形成的过程。这些非正式的习俗和准则，通过提供有关社会行为人预期行为的相关信息，稳定了社会预期并且构建了社会生活。

不同于奥斯特罗姆对制度自上而下的三个层次的分析，奈特对制度采取的是自下而上的分析方式，这种分析方式的核心观点是，非正式制度导致了社会正式制度的发展。奈特认为，正式制度是基于非正式的习俗和准则而设计和创立的。有的时候，正式制度的确立，是作为稳定或者改变现行的非正式制度的一种手段；而有的时候，则是为了规范某些缺乏非正式制度框架的社会互动行为。非正式制度是构建正式制度的基础，非正式制度可以限定正式制度构建的可行方案的数目，非正式规则不随改变正式制度的尝试而改变。最重要的是，非正式制度影响资源的分配，进而影响正式制度创建过程中相关各方的力量对比。非正式制度作为日常社会互动的无意识结果，在国家的正式制度的内外不断地产生和变迁。而且，这些不断涌现的非正式制度能够影响正式制度所产生的社会结果（奈特，2010）。

简言之，奈特也是运用理性选择理论来解释社会制度（非正式制度）的起源与作用。社会制度通过提供信息和实施制裁的双重机制，使得人们的预期得以稳定，并且将社会行为引向均衡结果。社会制度的最佳解释依据是其利益分配的结果。社会制度的发展与变迁，是大量社会成果的分配冲突所引发的结果，而制度的维持和稳定，则是制度规则能够持续带来分配优势的结果。因此，对于奈特而言，非正式制度中由于分配冲突与力量不对等，可能带来正式制度的发展。但正式制度的发展不可能完全脱离非正式制度，而将处处留下非正式制度影响的痕迹。

8.3.3　从社会退出的制度分析

罗格尔·弗利南德与罗伯特·R.阿尔弗德在文章《把社会因素重新纳入研究之中：符号、实践与制度矛盾》中指出了当前社会科学在研究制度时的一个倾向：正在日益把社会因素排除在理论研究之外，或者说正处在从社会中退却的过程中。他们认为，一种充分完全的社会理论，必须在三个层次上同时进行研究，即彼此竞争和谈判的个人、处于冲突与协调中的组织以及彼此矛盾和相互依赖的（社会）制度三个层次。以上所指的当前的社会理论研究正逐渐从社会中退却即采取了两种途径：一种是走向功利主义的个人理论，另一种是走向以权力为导向的组织理论。

具体来说，首先，从社会中退出，是指将社会完全作为集市或交易的市场来研究。"那些把社会因素从其研究中最彻底地排除出去的理论，主张工具理性的个人概念，认为这类个人在杂乱的交换中进行的选择是形成社会安排的首要原因。公共选择理论、代理理论、理性行动者模型、新制度经济学都持有这样的预设（premise）。"（鲍威尔，2008：252）理性选择理论以理性人假设为出发点，分析个人行动的动机都在于试图通过交换稀缺的资源以实现其自身的利益效用最大化；新制度经济学认为，为降低与抑制交易成本，提高交易效率，才有等级制大公司的出现；公共选择理论学者认为，在一个大城市中，各种市政组织之所以出现，是为了有效应对公共物品在不同社区以及社区居民之间分配不均的问题。所有的这些理论都基于个体的工具理性假设，个体的行动总是为了追求自身利益最大化。不论是在公共物品供给问题还是集体行动问题的研究中，如博弈理论、哈丁的"公地悲剧"以及奥尔森"集体行动的逻辑"都充斥着理性人的假设，这些理性的个体为了追求自身利益的最大化，难免将出现"搭便车"的集体行动困境，在公共资源中过度占用资源，或在公共物品供给中不贡献任何个人力量而选择做一个"搭便车"者。为了应对这些问题，人们开始关注到制度问题。如奥斯特罗姆就发现，制度的设计可以有效抑制集体行动或公共资源中的"搭便车"现象，这个过程可以通过制度所提供的监督与惩罚机制来达成个体在集体行动或公共事务中的合作行为（奥斯特罗姆，2012）。

其次，从社会领域中退出的另一种理论途径，转而强调组织的作用，认为是组织促进了理性化，组织会控制其环境，并把因此而出现的组织与其他组织之间的冲突视为社会安排的首要原因。主流的组织理论把组织与组织所处的制度背景或社会背景割裂开来。关于组织的资源依赖理论假定，组织会自动地实施权变性的策略，会出于组织的生存与权力等利益考虑，为了环境中可获得的、具有不确定性资源而进行谈判。在这样的理论中，社会被简化成了一种抽象的环境或组织间的场域。我们可以看到，以斯考切波为代表的"国家中心理论"正是在这样的背景下发展起来的（鲍威尔，2008：256）。

我们发现，对于非正式制度的分析，也开始出现从社会中退出的分析倾向。关于非正式制度的分析，也存在大量以理性人假设为基础的分析倾向。从凡勃伦关于习惯的论述（凡勃伦，2012）、康芒斯关于习俗的阐述（康芒斯，2009）以及诺斯关于非正式规则的分析（诺斯，2012），都是从经济学的角度、从考察成本—收益问题出发，认为作为非正式制度的习惯、习俗、非正式制度等的出现都是为了降低人们的互动成本，在一定程度上也制约个体的理性算计行为。虽然诺斯承认，非正式制度是来自文化的一部分，但他的出发点始终是经济学的成本—收益分析，他认为有些非正式制度是为了应对正式制度无法解决的交换问题而出现的衍生与补充，而且，非正式制度也会因为相对价格的变化而发生变迁。奈特也认为，社会制度为理性个体提供信息与一系列的互动规则，从而为人们提供有利的预期，可以为个体寻求效用最大化提供策略依据（奈特，2010）。在此，我们看到的是，嵌入文化与社会网络之中的非正式制度，其分析视角却逐渐将社会因素排除在外，正在从社会中退出。

8.3.4 整合式的非正式制度

按照弗利南德与阿尔弗德的观点，当前的社会科学研究正日益将社会因素排除在理论研究之外，而走向了功利主义的个人理论与以权力为导向的组织理论。他们呼吁，应该将社会因素重新纳入研究之中，并认为，如果不把个人和组织的行为置于社会背景中，我们就不可能理解它们。在制度分析中也是如此。他们认为，制度在传统上被理解为一种根源于共享规范的、组织社会生活的超组织模式（Shibutani，1986：61）。这种观点对制度的界定并不完善，因为它只强调了一种外在的规范秩序，而反对一种内在的认知秩序。因此，他们主张重新界定制度的概念，将制度视为既是物质性的，又是观念性的；既是信号系统，又是符号系统；将制度当成一种超组织的人类活动模式，通过这些模式个人与组织在特定的时空中进行他们的物质活动与组织时空，同时，制度也是符号象征体系，通过这种象征体系，人们对他们的活动进行分类，并赋予他们的活动以意义（鲍威尔，2008：264）。

由此，弗利南德与阿尔弗德根据新界定的制度，对当前西方社会的所有核心制度——资本主义、家庭、科层制政府、民主、基督教等——进行分析。他们认为这些制度既是物质性实践，又是符号系统，"各种制度是一种符号系统，有着不可观察的、概念化的、超理性的意指，也有着具体体现它们的可观察的各种社会关系。个人和组织通过这些具体的社会关系来获得其想要的结果，但是这些制度也使生活有意义，并再生产出这些符号系统。社会关系总是同时具有工具性和仪式性的内容"（鲍威尔，2008：271）。对于他们而言，每一种制度惯例，都是与界定世界秩序的仪式和一个人在世界秩序中的位置相关，制度中的信仰通过这种仪式得以再生产。许多制度性的仪式，都体现着真实的社会关系，通过这些社会关系，工具性行为得以完成。而且，每一种工具性行为不仅产生了工具性的结果，也会促进符号与意识形态的建构。人们总是通过最为日常的和最为制度化的仪式行为和符号象征，个人不断再生产着制度的符号秩序，并再生产了把这个世界与超理性秩序联系起来的社会关系。总的来看，个人参与不同的社会关系活动，不仅可以根据制度运行所服务的物质利益进行分析，也可以根据参与的符号意义进行分析（鲍威尔，2008）。

　　弗利南德与阿尔弗德将象征符号意义与物质性实践等同地纳入制度分析框架中，终归是对理性主义的个人与权力至上的组织分析的一种反思与背离，尤其是对个体理性人假设的一种极力批判。正如玛丽·道格拉斯在《制度如何思考》一书中，对理性选择理论进行了尖锐的批评，认为它忽视了制度背景对个人需要、偏好、选择概念的制约。相反地，理性选择理论假定存在一种孤立的个人，而个人的偏好又不是这种理论关注的中心。道格拉斯认为，理性决策与非理性决策都受到"我们的分类与认知过程中存在的制度控制"的影响（Douglas，1986：3）。她认为社会是被实施的，社会团结有赖于共同坚持"分类、逻辑运作和导向性隐喻的程度"。因此，道格拉斯主张制度需要一种认知基础，这种认知基础对构成制度的传统惯例进行自然化与理性化（Douglas，1986）。

　　制度通过物质性的实践与象征符号系统，展现了一种既具有工具性又具有仪式性的社会关系。这种可观察的社会关系也反过来强化与建构着制度结构。就像马克·格兰诺维特在《经济行动与社会结构：嵌入性问题》中所指出的，每一种组织都嵌入影响它们运行的社会关系网络之中，这些社会关系网络可能会阻碍也可能会促进每一种结构的运行。这些社会关系网络本身没有任何内容，但它们却同样会带来利益、价值、激励、信念，等等（Granovetter，1985）。

　　现在回到我们的研究之中。以上这些种种理论反思与分析，对我们重新思考非正式制度具有重要的借鉴意义。我们在 T 村的案例分析中，论证了村庄特有的非正式制度确实对人们在公共物品供给中的捐资行为起到促进作用。或者换句话说，我们预设村庄个体在集体行动中，面对公共物品供给问题，难免理性与算计，可能出现"搭便车"与机会主义的现象。而我们将定量与定性研究结合起来分析，验证了村庄的非正式制度在很大程度上克服了极为可能出现的"搭便车"现象，最终促成村庄各项公共物品的有效供给。然而，我们在这里反思，非正式制度并非外在于理性个体的固定制度框架，也并非组织通过权力自上而下的有意设计，而是经过历史的沉淀、在人们长期的交往互动之后自发形成的约束规则，并深深嵌入文化和稠密的社会关系网络之中。如果我们一味地只关注非正式制度在集体行动中对理性算计的个体的制约作用，这样的分析是不够充分的。这并非一个非此即彼的过程，而是在提醒我们，除了考虑人们物质性、工具性的实践以外，我们也应该将人们在非正式制度中的仪式性实践与其中社会关系所带来的符号意义一并纳入我们的思考与分析框架之中。

我们无法量化确定在非正式制度中，人们的仪式性实践与社会关系带来的意义占有多大比例，但可以确定的是，我们确实无法完全将其排除开去。T 村的村民在"头家轮流制"框架下的活动，本身就具有仪式性特征。每年的"四月十"、"八月十五修路"、冬至祭祖和元宵祭神，与其说是村庄的公共活动，不如说是村民祖先崇拜与地方神灵信仰的仪式活动。我们可以感知，数百年来，基于亲属关系（一种亲密的社会关系）的村民在各项共同活动中温情脉脉的交往互动，这其中所带来的共同体感、价值、信念、情感与信仰意义并不会亚于理性利益的算计。

马奇（James G. March）与奥尔森（Johan P. Olsen）在《重新发现制度：政治的组织基础》一书中，将政治制度区分为两类：第一类是聚合式制度。在大多数现代人民主权理论中，都认为是政治系统将多元个体和利益群体聚合在一起，形成集体选择。人们假定，要被代表的"人民"是由个体组成，这些个体具有各自的利益偏好，而且其利益并不能同时完全地得到满足，政治问题就是在不排除利益和价值多元化的前提下，明确规定一套以令人满意的方式来分配稀缺资源的程序。聚合式的政治制度与建立在竞争性市场和价格之上的经济制度类似。聚合的政治过程基本上是利益、权力和交换的过程，政治可以被视为通过自愿交换聚合个体偏好的体制。但同时，对制度聚合的政治和技术质量的关注，常常伴随着对制度整合作用的关注。于是延伸出第二类的整合式制度。整合式制度换了另一种思路，把政治权利视为一个政治体系的价值环境的组成部分，作为一种先于政治并独立于政治的规则而存在，或者作为政治体制源发之处的共同政治文化的组成部分。这种权利主张是非工具性的，权利是政治文化整合的象征。在聚合式政治制度中，权利是设计出来的原则，用来改善交换体系中的缺陷，是用于交换的、待分配的资源；但在整合式政治制度中，权利体现了社会信念结构的关键方面，它们是人类大同的隐喻，象征着其中人们的普遍命运和人性。整合的首要目的之一，就是发现并详细阐释这些根本价值的意义。整合式制度假定有一个包含相互理解、集体意志、信任和同情心的过程，追求创造、认同和实现共同偏好。整合式制度是作为共同体体现的制度观念，它同时体现在古代和当代对公共文化、集体认同、归属感、契约、情感互动、共同愿景、象征、历史、互信和团结的探讨之中（马奇、奥尔森，2011）。

我们在 T 村所看到的嵌入历史、文化与亲密社会关系的非正式制度，或许更接近于整合式制度。在这样的制度框架下，人们的互动交往注重的是团结整合而不是冲突矛盾，更重视的是情感互动、共同信仰、意义符号系统的延续与再生产，而不是精明精致的理性算计。数百年来，T 村人在这些非正式制度框架下的共同活动，或许就是简单地为了不断完善村庄人们的共享感觉，一种乡野的归属感、共同传承感、有价值的生活方式和一种共同命运。非正式制度在人们的实践中，也不断促进这种共同体感的程度。经过历史长河的沉淀，非正式制度的这种整合功效亦愈加醇厚、坚不可摧。所以，我们现在所考察到的 T 村非正式制度对公共物品供给的促进作用，不仅仅体现的是其对参与其中人们理性算计的单纯抑制，或许，很大程度上，也体现了非正式制度所固有的形塑共同体的整合功效。从这个意义上，我们认为，T 村的非正式制度更多的是一种整合式制度。

8.4　研究不足与展望

8.4.1　研究不足

虽然本项研究力求按照社会科学研究的原则进行研究设计，但由于个人学识水平、研究时间、研究经费等方面的限制，本项研究还存在一些不足：

首先，在定性访谈资料的收集部分，由于研究问题涉及个案村庄的历史问题，而对个案村庄历史以及各项传统习俗问题较为熟悉的被访者，一般都是村庄中年龄和辈分较高的老人。对于他们的访谈中，由于有些事情发生的时间与访谈的时间间隔较长，被访者可能因为记忆的问题，丢失了一些重要细节，这种情况可能造成无法还原事件的全貌，继而影响到描述型效度（Descriptive Validity）。

其次，在定量数据的收集中，由于村庄中多数 40 岁以下的年轻人常年在外，我们选取的问卷样本量比较少，可能还无法达到统计意义上的推论作用。最后，对于保罗·康纳顿的"社会习惯记忆"概念的操作化测量问题，我们只运用一个维度，即在某件身体实践上的不断重复操作，进行测量，这样的操作化是否具有足够的效度，可能需要进一步的探讨。

8.4.2 研究展望

本项研究侧重讨论的是村庄中的非正式制度对村庄公共物品供给的影响，因此，我们首先对正式制度与非正式制度作了区分。不过事实上，在实际的日常生活中，我们无法做到将正式制度和非正式制度彻底区隔，我们需要对非正式制度和正式制度之间的关系展开更进一步的研究和讨论。

首先，制度起源的问题。从起源方面来看，非正式制度的起源早于正式制度，后者是对前者的逐渐替代。诺斯在后期的研究中，十分重视非正式制度对正式制度变迁的制约作用，他的一个被广泛引证的概念就是制度的"路径依赖"（path dependence）。① 由于制度的"路径依赖"力量，所以从制度的起源上看，大多数正式制度都来自对非正式制度的标准化和固定化（李培林，2010：90）。这些都是无可争议的观点，但他们终归关注的还是正式制度的起源问题。不管怎样，有意设计的正式制度很大程度上来源于非正式制度，不论正式制度如何发挥功能，其中都无法抹去非正式制度影响所留下的痕迹。在正式制度逐步取代非正式制度之后，人们也渐渐疏忽了非正式制度的起源问题。奈特梳理了当代人们对社会制度（非正式制度）的起源变迁问题的解释框架，主要分成三类：一是古典进化论学说的当代阐述，把社会制度起源变迁解释为某种形成的自然选择的产物；二是社会习俗理论，把制度解释成个体行为人决策的无意结果；三是综合以上两个方面的理论，其中最重要的是以市场为基础的解释，将个人交换选择机制和竞争选择机制结合在一起。奈特也认同，社会制度起源于人们交换互动之后的社会自发形成（奈特，2010）。在对非正式制度的界定中，"并非有意设计，而是人们经过长期的交往互动施加的种种约束，为自己与他人的联系提供结构，用以降低人们互动的成本"（诺斯，2012），都包含其自发形成的意味。诺斯认为，非正式制度来自社会传递的信息，并且是我们所谓的文化传

① 诺斯提出，这个问题首先是由戴维德（Paul David）提出的，之后引起经济史学家们的广泛注意。戴维德在1985年的一篇文章中，试图通过打字机键盘上英文字母的特殊组合如何标准化和固定化的过程，来解释为什么一组偶然发生的事件会引起持续的后果，即便是在出现更有效的替代选择的情况下（North，1990：93）。

承的一部分（诺斯，2012）。但非正式制度的真正起源问题，却没有一个确切统一的答案。经过这次的案例研究，我们进一步提出的问题是，非正式制度从何而来？在一个群体或社会中，是什么样的人最早提及相关的非正式约束？只是随意的任何人还是具有某种权力或权威的人？一般在什么样的社会条件下，在人们的互动中会衍生出非正式制度？在非正式制度出现后，人们如何逐步地接纳、遵守，并最终习惯于在非正式制度的框架下活动？对于以上这些问题，我们无法在这次的研究中给出答案。或许因为非正式制度需要经过漫长历史的沉淀，并只通过言传身教的方式代代延续与传承，而不曾留下任何文字的说明，这样使得我们要对以上关于非正式制度起源的问题进行追究探讨变得困难重重。但非正式制度是重要的，对其相关问题的考察仍然具有意义。因此，我们并不应该因为惧怕困难而停止对这些问题的继续思考。

其次，制度变迁的问题。为什么会出现正式制度对非正式制度的替代问题？正式制度一定会取代非正式制度吗？诺斯认为，正式制度与非正式制度之间，只存在程度上的差异。与社会从简单的形式到复杂形式的演进过程相似，从不成文的传统，到习俗，再到成文法亦发生着漫长、波折的单向性演进，并且，这种演进很明显是与较复杂社会的专业化与劳动分工程度的增加联系在一起的。但终归来说，是价格变化与技术变迁带来了制度的变迁。诺斯进一步指出，社会的日益复杂化，必然会提高正式约束报酬，同时，技术变迁通常能降低衡量成本，并鼓励人们用精确的、标准化的度量方式。为了处理复杂争端而被创造出来的正式法律系统导致了正式制度的诞生（诺斯，2012）。在制度变迁中，诺斯强调正式制度与非正式制度的替代问题，虽然由于"锁入"效应与"路径依赖"问题，正式制度对非正式制度会有不同程度上的依赖，但从总体上看，随着社会的复杂化，正式制度具有逐渐取代非正式制度的趋势。因为正式制度能够补充和强化非正式制度的有效性。它们能降低信息、监督以及实施的成本，并因而使非正式制度成为解决复杂交换问题的可能方式。同时，非正式制度也可能修改、修正或替代正式制度。有的时候，新的正式制度可能取代现存的非正式制度（诺斯，2012）。当然，诺斯也提到了，新的正式制度并不总是取代现存的非正式制度，他也极力强调非正式制度的重要性。在诺斯看来，很多正式制度的变迁给社会带来的是断裂的变迁，而非正式制度却能弥补这层断裂，给社会与人们的日常生活带来稳定的延续性。非正式制度保持着强劲的生存韧性，解决着人们在社会中基本的政治、经济与社会的交换问题。系统论述非正式制度问题的诺斯，也只是在几乎一致的程度上强调非正式制度与正式制度的重要性。他认为，是正式制度与非正式制度之间的复杂互动，与实施方式一起，形塑着我们的日常生活，指引着我们生活中的大部分现实活动。但我们在 T 村的案例研究中，看到的是非正式制度对正式制度的补充甚至替代的现象。从理论上看，非正式制度与正式制度共同作用于人们的日常生活和社会行为。但是，我们从实证案例中看到，长期被人们忽略的非正式制度同样能够在公共物品供给问题中发挥其积极作用。致力于研究农村公共物品供给正式制度安排的学者，应该逐渐重视起非正式制度可能发挥的效用。"忽视传统、习俗等非正式制度而生硬地移植正式制度是毫无效果甚至是适得其反的。在某种程度上，真正决定制度绩效的是以个性化知识为基础的非正式制度安排部分。"（诺斯，1994；周业安，2001）诺斯还在著作《制度、制度变迁与经济绩效》中指出，正式制度在人们日常生活中的应用只是一小部分，非正式制度的应用则更加普遍，因为非正式制度本身是来源于社会流传下来的信息及我们称为文化的部分遗产（诺斯，1994：49—50）。经过社会变革和变迁，许多正式制度可能随之发生彻底转变，但是社会中的许多非正式制度却可能得以幸存和延续，并且继续发挥其效力。所以，非正式制度对于人们日常生活的重要性不仅仅在于对正式制度的补充，特别是当社会中正式制度失效和缺失的时候，非正式制度极有可能直接替代正式制度，发挥其社会制约及整合的功能。

非正式制度对于人们日常生活的重要性，让我们进一步思考这样的问题：在某一特定的群体或社会中（比如像我们案例中所研究的村庄），经过漫长的制度演化与变迁，正式制度一定会出现、并逐步取代非正式制度吗？如果答案是肯定的，那么除了诺斯所提到的"社会日益复杂化、技术变迁、人们的价格偏好发生变化"的因素外，是否还有其他的社会条件与因素激发正式制度的出现？非正式制度与正式制度之间如何互动？更为重要的问题是，从非正式制度到正式制度的变迁中，到底发生了哪些本质性的变化？这些都是我们感兴趣、并将继续思考与探索的问题。

附录1 T村地图

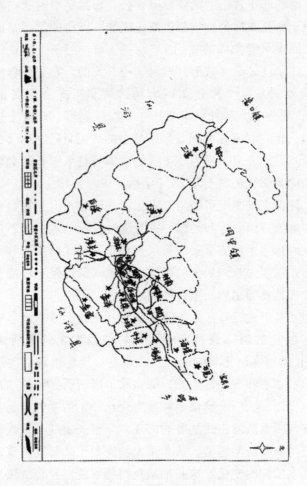

图1 永泰县梧桐镇辖区图

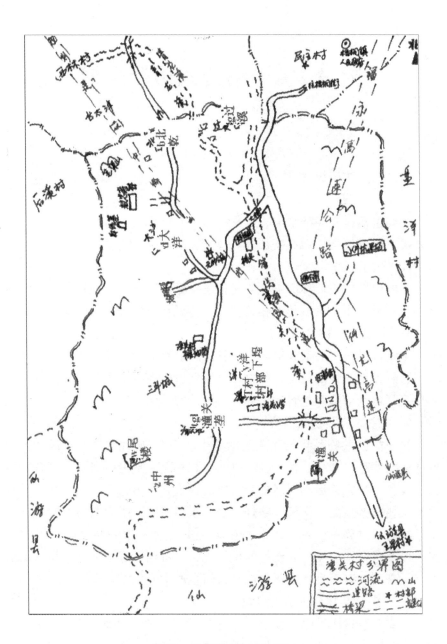

图2　T村自然村分布图

附录 2　半结构式访谈提纲

半结构式访谈提纲

1. 村庄概况

主要包括村庄经济水平、产业结构、人口规模、人口结构、人口流动情况、宗族结构、地域特征等。

2. 村庄历史

主要包括村庄迁移历史、源起和发展等。以及村庄在迁移和发展历程中，在村民中广为流传的相关神话、传说和故事等。

3. 村庄的宗族和宗教信仰情况

主要包括村庄的宗族信仰、一系列的宗族活动、仪式的历史和开展情况；有无地方性的信仰，如村庄自发创造的地方神等；宗教信仰情况主要包括佛教信仰和基督教信仰等，村民的信仰情况。

4. 村庄的公共物品供给

村庄的公共物品供给主要包括非生产性/宗族性的公共物品和生产性的公共物品。非生产性/宗族性的公共物品主要包括宗庙、祠堂、族谱以及相关的宗族活动开展中所需要的资金和各项物资；生产性的公共物品主要包括道路、学校、路灯、农田水利灌溉、生活饮用水等。

在访问过程中，着重了解村庄中历史上每一项公共物品供给的情况，以及每一项村庄公共物品的供给现状，特别是每一项公共物品供给的资金来源。是否发生变化，以及为何会产生变化？

5. 村庄公共物品供给的组织

主要考察村庄中每一项公共物品供给是由谁负责组织？资金来源？是否有政府的介入和赞助？如果需要动员全体村民集资，动员的策略和动员的情况如何，集资最大的困难是什么？特别是村民捐资的参与率是多少？有多少村民愿意参与捐资、多少村民不愿意参与捐资？愿意的原因是什么？以及不愿意捐资的原因又是什么？集资的时候是以行政村为单位还是以自然村为单位开展动员？这其中具体的组织者是哪些人等相关问题。

附录3　访谈对象

访谈对象

1. 温 xx，男，55 岁，T 村党支部书记，熟知村庄概况和村庄公共物品供给情况。

2. 温 rl，男，51 岁，T 村村委会主任、高阳温氏理事会常务委员，熟知村庄概况和村庄公共物品供给情况。

3. 温 ml，男，85 岁，T 村温氏族长、高阳温氏理事会常务委员，熟知村庄迁移历史。

4. 温 yr，男，64 岁，T 村高阳温氏理事会常务委员，熟知温氏理事会成立过程。

5. 温 bx，男，59 岁，T 村一般村民，村庄数次公共物品供给集资的组织者。

6. 温 zs，男，82 岁，T 村教忠寺管理员，熟知教忠寺历史。

7. 温 yz，男，56 岁，T 村一般村民。

8. 温 zh，男，84 岁，T 村高阳温氏理事会常务委员，村庄村庙、宗祠修建集资的组织者。

9. 温 gh，男，79 岁，T 村一般村民，熟知村庄迁移历史。

10. 温 gd，男，80 岁，T 村一般村民，熟知村庄历史故事和传说。

11. 温 xc，男，81 岁，T 村一般村民，佛宫管理员，熟知佛宫历史和村庄迁移历史。

12. 陈 xy，女，49 岁，T 村一般村民，熟知村庄社会网络。

13. 陈 jl，男，83 岁，T 村一般村民，熟知 T 村中的陈姓迁移历史。

14. 林 yl，女，78 岁，T 村一般村民，熟知村庄历史。

15. 温 wl，男，40 岁，T 村一般村民。

附录4　调查问卷

编号：_____

T村村民的公共物品供给行为及态度情况调查表

亲爱的朋友：

为了了解村庄的公共物品供给状况，进行学术研究并增进村庄公共生活的发展，我们通过这份问卷向您进行调查。调查不涉及个人隐私，对问题的回答也无所谓对错，所有资料只进行统计汇总，同时，我们将对您的个人资料予以保密，请您不必担心。

谢谢您对我们的支持和协助！

厦门大学社会学系

2011年7月

A. 村户基本信息（被访者的家庭信息）

1. 所属的自然村是：①大洋　　②潼关　　③中州　④北乾
⑤过溪　⑥洋下埯　⑦尾楼　⑧潼关垄

2. 家庭姓氏：①温姓　②陈姓　③其他

3. 家庭人口总数：_____人

4. 家庭结构：①核心家庭　②主干家庭　③联合家庭　④其他家庭

5. 家庭里是否有成员担任村干部？①是　　②否

6. 家庭里是否有成员担任温氏理事会常务委员：①是　　②否

7. 家庭是否有成员外出？①是　　②否　外出从事：①打工
②做生意　　③其他

8. 家里60岁以上老人是否健在？①是　　②否

9. 家庭是否每年都参与以下任何村庄集体的传统宗族或宗教活动（在有参与的活动序号上打钩，可多选）：①元宵祭神　　②"四月初

157

十"田公元帅生辰　③"八月十五"村庄修路　④冬至家庭祭祖
⑤冬至祭奠温氏祖祠与太祖墓　⑥逢年过节烧香拜佛

10. 家庭信奉（可多选）：①温氏祖先　②田公元帅　③圣母
④教忠寺诸神　⑤佛宫诸神

11. 家庭平均月支出：①2000 元以下　②2000—4000 元
③4000—6000 元　④6000 元以上

12. 家里有多少亩田地？_____亩

13. 家庭是否务农？①是　　②否

14. 家庭由谁主管财政：①丈夫　　②妻子　　③夫妻共同协商
④儿子

15. 家里有高阳温氏族谱吗？　①是　　②否

B. 被访者个人基本信息

1. 性别：①男　　②女

2. 姓氏：①温姓　②陈姓　③其他

3. 年龄：_____

4. 文化程度：①小学以下　②小学　③初中及中专　④高中及大
专　⑤大学　⑥大学以上

5. 婚姻状况：①已婚　②丧偶　③离婚　④未婚

6. 是否党员：①是　　②否

7. 是否是温氏理事会成员：①是　　②否

8. 常年居住情况：①常年住在村庄家里　　②常年在外，逢年过
节或有事才回来

9. 职业状况：①务农　②打工　③做生意　④村干部　　⑤教师
⑥学生　⑦其他

10. 个人收入：_____元/月

11. 你与下面这些人是否经常来往？

	从不来往	有时来往	较常来往	经常来往
a. 亲戚	1	2	3	4
b. 邻居	1	2	3	4
c. 本自然村的人	1	2	3	4

续表

	从不来住	有时来往	较常来往	经常来往
d. T村其他自然村的人	1	2	3	4
e. 村干部	1	2	3	4
f. 温氏理事会常务/成员	1	2	3	4
g. T村以外的人	1	2	3	4

12. 你一般所说的"我们村"是指：①所属的自然村 ②所属的行政村

13. 你喜欢自己所属的自然村吗？
①很不喜欢 ②较不喜欢 ③一般 ④比较喜欢 ⑤非常喜欢

14. 你喜欢T村吗？
①很不喜欢 ②较不喜欢 ③一般 ④比较喜欢 ⑤非常喜欢

15. 你喜欢本自然村村民吗？
①很不喜欢 ②较不喜欢 ③一般 ④比较喜欢 ⑤非常喜欢

16. 你喜欢T村村民吗？
①很不喜欢 ②较不喜欢 ③一般 ④比较喜欢 ⑤非常喜欢

17. 你对自己目前的生活状态满意吗？
①很不满意 ②较不满意 ③一般 ④比较满意 ⑤非常满意

18. 你对下列几种的信任程度怎样？

对象	非常信任	较信任	一般	较不信任	很不信任
家庭成员	5	4	3	2	1
亲属	5	4	3	2	1
邻居	5	4	3	2	1

续表

对象	非常信任	较信任	一般	较不信任	很不信任
朋友	5	4	3	2	1
本自然村人	5	4	3	2	1
T村其他自然村人	5	4	3	2	1
村干部	5	4	3	2	1
温氏理事会常务	5	4	3	2	1
每年组织宗族活动的"头家"	5	4	3	2	1
T村以外的人	5	4	3	2	1

C. 参与村庄集体活动、公共事务情况

1. 是否知道以下有关村庄的历史故事/传说？

	是	否
温子玉选宝地、定祖茔	1	0
太子出世	1	0
田公元帅	1	0
教忠寺起火（郑侨的故事）	1	0

2. 是否参与以下任何村庄集体活动：

	从不参加	偶尔参加	经常参加	每次都参加
a. 春节/元宵祭神	1	2	3	4
b. "四月十"田公元帅生辰	1	2	3	4
c. "八月十五"村庄修路	1	2	3	4
d. 冬至家庭祭祖	1	2	3	4
e. 冬至祭奠温氏祖祠与太祖墓	1	2	3	4
f. 逢年过节烧香拜佛	1	2	3	4
g. 温氏理事会举办的任何活动	1	2	3	4
h. 村委举办的任何集体活动	1	2	3	4
i. 村庄选举或其他政治参与活动	1	2	3	4
j. 观看/参与打牌/麻将	1	2	3	4
k. 同村人的聚众聊天	1	2	3	4

D. 近几年的捐资行为及态度

公共物品集资项目	集资年份	村民参与情况（是否捐资或投入义务工）：1.是；0.否	村民参与意愿（捐资/义务工的意愿）1.非常不愿意；2.不愿意；3.愿意；4.非常愿意	愿意捐资的原因：	不愿意捐资的原因：	村民对该项公共物品的社会习惯记忆a(是否有重复的体化实践?)1.是；0.否	村民对该公共物品项目的社会习惯记忆b(是否知道这样的社会习惯?)1.是；0.否	公共物品供给组织项目级别a:组织者属于1.自然村；2.行政村	公共物品供给组织项目级别b:被组织者是属于1.自然村；2.行政村	公共物品供给组织项目级别c:公共物品的受益群体1.自然村；2.行政村
四月十	每年									
八月十五	每年									
元宵	每年									
翻修田公元帅宫殿	2000									
圣母宫翻修	2001									
行政村道1（T村至镇上）	2003									

161

续表

村道2 （t村）	2004								
村道3 （z村）	2004/ 2005								
村道4 （d村）	2005								

注：愿意捐资的可能原因：1：祖上留传下来的传统习俗，每年都参与的，习惯了；2：信任组织者（能力及品德）；3：对我（我们村）有好处；4：来自组织者的权威压力；5：来自其他村民的舆论压力；6：公家的事，大家都参与，我也参与；7：积功德；8：虔诚的信仰；9：做公益；10：其他_____。

不愿意捐资的可能原因：1. 对组织者的（能力或品德）不信任；2. 其他村（自然村）的事，与我们无关；3. 大家都参与了，不差我一个；4. 家里经济条件不允许；5. 政府（国家）／公家的事，与我无关；6. 其他_____。

参考文献

［美］奥尔森：《集体行动的逻辑》，陈郁、郭宁峰、李崇新译，上海人民出版社1996年版。

［美］奥尔森：《集体行动的逻辑》，上海三联书店2008年版。

［美］奥斯特罗姆：《公共事物的治理之道——集体行动制度的演进》，上海三联书店2000年版。

［美］奥斯特罗姆：《制度激励与可持续发展》，上海三联书店2000年版。

［美］保罗·康纳顿：《社会如何记忆》，纳日碧力戈译，上海人民出版社2000年版。

彼得·豪尔、逻斯玛丽·泰勒：《政治科学与三个新制度主义》，何俊智译，《经济社会体制比较》2003年第5期。

蔡晓莉：《中国乡村公共品的提供：连带团体的作用》，刘丽译，《经济社会体制比较》2006年第2期。

曹锦清：《新农村建设之困境与出路》，《社会观察》2006年第6期。

迟福林：《适时推进公共服务型政府建设》，《经济研究参考》2003年第71期。

陈春声：《信仰空间与社区历史的演变——以樟林的神庙系统为例》，《清史研究》1999年第2期。

陈潭、刘建义：《集体行动、利益博弈与村庄公共物品供给——岳村公共物品供给困境及其实践逻辑》，《公共管理学报》2010年第3期。

陈潭、刘祖华：《迭演博弈，策略行动与村庄公共决策——一个村庄"一事一议"的制度逻辑》，《中国农村观察》2009年第6期。

［美］道格拉斯·诺斯：《制度、制度变迁与经济绩效》，刘守英译，三联书店上海分店1994年版。

道格拉斯·诺斯：《新制度经济学及其发展》，《经济社会体制比较》
　　2002 年第 5 期。

冯尔康：《18 世纪以来中国家族的现代转向》，上海人民出版社 2005
　　年版。

［美］凡勃伦：《有闲阶级论：关于制度的经济研究》，商务印书馆
　　1964 年版。

［美］凡勃伦：《有闲阶级论：关于制度的经济研究》，商务印书馆 1999
　　年版。

符加林、崔浩、黄晓红：《农村社区公共物品供给体制》，《经济经纬》
　　2007 年第 7 期。

高鉴国等：《农村公共产品的社区供给：制度变迁与结构互动》，《社会
　　科学》2008 年第 3 期。

甘满堂：《村庙与社区公共生活》，社会科学文献出版社 2007 年版。

贺雪峰、仝志辉：《论村庄社会关联》，《中国社会科学》2002 年第
　　3 期。

贺雪峰：《公私观念与农民行动的逻辑》，《广东社会科学》2006 年第
　　1 期。

贺雪峰、罗兴佐：《论农村公共物品供给中的均衡》，《经济学家》2006
　　年第 1 期。

贺雪峰：《行动单位与农民行动逻辑的特征》，《中州学刊》2006 年第
　　5 期。

［英］弗里德曼：《中国东南的宗族组织》，刘晓春译，上海人民出版社
　　2002 年版。

杰奥佛雷·霍奇逊：《康芒斯与制度经济学的基础》，《经济社会体制比
　　较》2005 年第 5 期。

吉嘉伍：《新制度政治学中的正式和非正式制度》，《社会科学研究》
　　2007 年第 5 期。

贾根良：《重新认识旧制度学派的理论价值》，《天津社会科学》1999
　　年第 4 期。

［美］康芒斯：《制度经济学》上册，商务印书馆 1983 年版。

Koelble：《政治学与社会学中的"新制度学派"》，崔树义译，《现代外
　　国哲学社会科学文摘》1996 年第 3 期。

柯武刚、史漫飞：《制度经济学》，商务印书馆 2000 年版。

林耀华：《义序的宗族研究》，生活·读书·新知三联书店 2000 年版。

李燕凌：《我国农村公共产品供求均衡路径分析及实证研究》，《数量经济技术经济研究》2004 年第 7 期。

李建军：《我国农村公共产品供给制度的路径变迁与动态对策研究》，《改革与战略》2010 年第 26 卷第 6 期。

林万龙：《乡村社区公共产品的制度外筹资：历史、现状及改革》，《中国农村经济》2002 年第 7 期。

刘能：《中国乡村社区集体行动的一个理论模型：以抗交村提留款的集体行动为例》，《学海》2007 年第 5 期。

李海舰：《基于集体行为视角的农村公共产品供给分析》，《河南师范大学学报》2010 年第 2 期。

刘鸿渊：《农村税费改革与农村公共产品供给机制》，《求实》2004 年第 2 期。

刘志伟：《地域社会与文化的结构过程——珠江三角洲历史学与人类学的对话》，《历史研究》2003 年第 1 期。

罗一星、肖海明：《岭南人文图说之二十七——佛山祖庙》，《学术研究》2006 年第 3 期。

刘铁梁：《村落集体仪式性文艺表演活动与村民的社会组织观念》，《北京师范大学学报》1995 年第 6 期。

刘铁梁：《作为公共生活的乡村庙会》，《民间文化》2001 年第 1 期。

李培林：《村落的终结——羊城村的故事》，商务印书馆 2010 年版。

［英］迈克尔·博兰尼：《自由的逻辑》，吉林人民出版社 2002 年版。

［美］迈克尔·麦金尼斯：《多中心与地方公共经济》，毛寿龙译，上海三联书店 2000 年版。

［英］莫里斯·弗里德曼：《中国东南的宗族组织》，刘晓春译，上海人民出版社 2000 年版。

马奇·舒尔茨、周雪光：《规则的动态演变——成文组织规则的变化》，上海人民出版社 2005 年版。

马晓河等：《我国农村公共产品的供给现状、问题与对策》，《农业经济问题》2005 年第 4 期。

［美］诺斯：《制度、制度变迁与经济绩效》，上海三联书店 1994 年版。

诺斯：《新制度经济学及其发展》，《经济社会体制比较》2002 年第
　　5 期。

[美] 罗伯特·帕特南：《使民主运转起来——现代意大利的公民传
　　统》，江西人民出版社 2001 年版。

彭玉生：《当正式制度与非正式规范发生冲突：计划生育与宗族网络》，
　　《社会》2009 年第 1 期。

潘维：《农民与市场》，商务印书馆 2003 年版。

苏杨珍、翟桂萍：《村民自发合作：农村公共物品提供的第三条途径》，
　　《农村经济》2007 年第 6 期。

宋敏：《论多中心理论视角下我国农村公共物品供给体制》，《经济纵
　　横》2006 年第 8 期。

涂圣伟：《农村"一事一议"制度效力的理论与案例分析》，《南方经
　　济》2009 年第 2 期。

王磊、钟景志：《对取消农业税后农村公共产品供给的思考》，《新疆农
　　垦经济》2004 年第 4 期。

王跃生：《新制度主义》，台湾扬智文化事业股份有限公司 1997 年版。

王冬梅、李小云：《变化与稳定：非正式制度中的性别呈现——以河北
　　H 村礼仪为例》，《妇女研究论丛》2010 年第 1 期。

王沪宁：《当代中国村落家族文化——对中国社会现代化的一项探索》，
　　上海人民出版社 1991 年版。

夏国峰：《村庄公共生活：历史变迁与外力形构——鲁西南夏村的个案
　　考察》，《甘肃行政学院学报》2010 年第 5 期。

徐扬杰：《中国家族史》，人民出版社 1992 年版。

熊巍：《我国农村公共产品供给分析与模式选择》，《中国农村经济》
　　2002 年第 7 期。

于丽敏：《农村公共物品供给不足对农村经济发展的瓶颈效应分析》，
　　《税务与经济（长春税务学院学报）》2003 年第 4 期。

袁松：《民间信仰的情感维度与村落公共生活的整合——以桂北村落为
　　考察对象》，《广西民族研究》2009 年第 3 期。

张晓波、樊胜根、张林秀、黄季：《中国农村基层治理与公共物品提
　　供》，《经济学》（季刊）2003 年第 2 卷第 4 期。

张军、何寒熙：《中国农村的公共产品供给：改革后的变迁》，《改革》

1996 年第 5 期。

张琳：《我国农村公共物品供给问题研究综述》，《学术探索》2007 年
第 2 期。

张秀生：《农村公共产品供给与农民收入增长》，中国农业出版社 2008
年版。

张林秀、李强、罗仁福等：《中国农村公共物品投资情况及区域分布》，
《中国农村经济》2005 年第 11 期。

张克难：《对美国制度学派理论和方法论的几点评述》，《复旦学报》
1998 年第 2 期。

张琳：《凡勃伦的制度变迁理论解读》，《经济学家》2003 年第 3 期。

张雄：《习俗与市场——从康芒斯等人对市场习俗的分析谈起》，《北京
社会科学》1996 年第 5 期。

庄孔韶：《银翅——中国的地方社会与文化变迁》，生活·读书·新知
三联书店 2000 年版。

张军、何寒熙：《中国农村的公共产品供给：改革后的变迁》，《改革》
1996 年第 5 期。

郑振满：《神庙祭奠与社区发展模式——莆田江口平原的例证》，《史
林》1995 年第 1 期。

周业安：《关于当前中国新制度经济学研究的反思》，《经济研究》2001
年第 7 期。

周荣德：《中国社会的阶层与流动：一个社区中士绅身份的研究》，上
海学林出版社 2000 年版。

［美］道格拉斯·C. 诺斯：《制度、制度变迁与经济绩效》，杭行译，
上海人民出版社 2012 年版。

［美］詹姆斯·G. 马奇、约翰·P. 奥尔森：《重新发现制度：政治的组
织基础》，张伟译，生活·读书·新知三联书店 2011 年版。

［美］沃尔特·W. 鲍威尔、保罗·J. 迪玛吉奥：《组织分析的新制度主
义》，姚伟译，上海人民出版社 2008 年版。

［美］杰克·奈特：《制度与社会冲突》，周伟林译，上海人民出版社
2009 年版。

［美］埃莉诺·奥斯特罗姆：《公共事物的治理之道：集体行动制度的
演进》，余逊达等译，上海译文出版社 2012 年版。

［美］曼瑟尔·奥尔森：《集体行动的逻辑》，陈郁等译，上海人民出版社 2011 年版。

［美］约翰·康芒斯：《制度经济学》，赵睿译，华夏出版社 2009 年版。

［美］詹姆斯·M. 布坎南：《公共物品的需求与供给》，马珺译，上海人民出版社 2009 年版。

［美］H. 培顿·扬：《个人策略与社会结构——制度的演化理论》，王勇译，上海人民出版社 2006 年版。

［美］凡勃伦：《有闲阶级论：关于制度的经济研究》，李华夏译，中央编译出版社 2012 年版。

［英］丹尼斯·C. 缪勒：《公共选择理论》，韩旭等译，中国社会科学出版社 2010 年版。

［英］迈克尔·博兰尼：《自由的逻辑》，冯银江等译，吉林人民出版社 2011 年版。

景军：《神堂记忆——一个中国乡村的历史、权力与道德》，吴飞译，福建教育出版社 2013 年版。

郭毅：《新制度主义：理论评述及其对组织研究的贡献》，《社会》2007 年第 1 期。

埃伦·M. 伊梅古特：《新制度主义的基本理论问题》，《马克思主义与现实》2003 年第 6 期。

Zucker, Lynne G. "The Role of Institutionalization in Cultural Persistence", American Sociological Review（42）. 1977.

Meyer, John W. and Brian Rowan. "Institutionalized Organizations: Formal Structure as Myth and Ceremony", American Journal of Sociology, 1977, （83）.

Anderson, Lisa, Jennifer Mellor and Jeffrey Milyo. "Ineuality, Group Coesion, and Public Good Provision", 2006.

Alchian, Amen A. And Horald Demsetz. "Production, Information Cost, and Economic Organization", *American Economic Review*, 1972. 62: 777 - 795.

Besley, R. Burgess, "The Political Economy of Government Responsiveness: Theory and Evidence from India", Working Paper, *London School of Economics*. 2001.

Besley, S. Coate. "Elected versus Appointed Regulators: Theory and Evidence", Working Paper, *London School of Economics*, 2001.

Boix, Carlesand Daniel N. Posner. "Social Capitall: Explaining Its Origins and Effects on Government Performance", *British Journal of Political Science*. 28 (4): 686 – 693. 1998.

Barayan, Deepa & Michael F. Cassidy. "A Dimensional Approach to Measuring Social Capital: Development and Validation of a Social Capital Inventory", *Current Sociology*. 49 (2) . 2001.

Cai, Yongshun . "Between State and Peasant: Local Cadres and Statistical Reporting in Rural China", *The China Quarterly*. (162) (June) . 2000. pp. 801 – 802.

Commons, John Rogers. *Institutional Economics: Its place in Political Economy*, Macmillan. 1934.

Commons, John Rogers. *The Economics of Collective Action*, Macmillan. 1950.

Commons, John Rogers. *Law and Economics*, Yale L. J. 34 (371) (1924 – 1925) . 1924.

Commons, John Rogers. *A Sociological View of Sovereignty*, 1899 – 1990, A. M Kelley. 1965.

Coase, Ronald. "The Problem of Social Cost", *Journal of Law and Economics*. 1960. 3: 1 – 44.

Coase, Ronald. "The Natural of the Firm", *Economica*. Vol. 4 (16) 1937: 386 – 405.

Davis, North, *Institutional Change and American Economic Growth*, Cambridge University Press. 1971.

Dimaggio and Powell Walter. "the Iron Cage Reusited: Institutional Isomorphism and Collective Rationality in Organizational Fields", *American Sociological Revew*. 1983.

Dimaggio and Powell Walter. *Institution in The New Institutionalism in Organizational Study*. Chicago: University of Chicago Press. 1991.

Eckstein Harry, Apter. David. E, *States of Asia: Analysis*. London: Oxford University Press. 1963.

Evansetal. Peter, *Bringing The State Back In*, Cambridge: University of

Cambridge Press. 1985.

Elinor, Qstrom, Larry Schroeder and Susan. Wynne, *Institutional Incentives and Sustainable Development Infrastructure Policies in Perspective*, Boulder, CO: Westview Press. 1993.

Greif, Avner. "Institutions and the Path to the Modern Economy", Cambridge: Cambridge University Press. 2006.

Grossman, Hart. "One Share-One Vote and the Market for Corporate Control", *Journal of Financial Economics*, Vol. 20, January-March. 1988: 175 – 202.

Gardner, Elinor Ostrom, "Rent Dissipation in a Limited-access Common-poll Resource: Experimental Evidence", *Journal of Environmental Economics and Management*, Vol. 19, Issue 3. 1990: 203 – 211.

Granovetter, Mark. "Economic Institutions as Social Constructions: A Framework for Analysis", *Acta Sociologica*, *January*, Vol. 35, No. 1. 1992: 3 – 11.

Hodgson, Geoffrey. "Reclaiming Habit for Institutional Economics", *Journal of Economic Pcychology*, Vol. 25, Issue5. 2004: 651 – 660.

Hodgson, Geoffrey. "The Hidden Persuagers: Institutions and Individuals in Economic Theory", *Cambridge Journal of Economic* 27 (2) . 2003: 159 – 175.

Hall and Soskice, "Varieties of Capitalism: The Institutional Foundations of Comparative Advantage", *Industrial Relations Journal*, Vol. 34, Issue2. 2001: 185 – 190.

Hodgson, Geoffrey. "What is the Essence of Institutional Economics?", *Journal of Economic Issues*. Vol. 34, No. 2. 2000: 317 – 329.

John. , Ehrenbery. *The Critical History of an Idea*. New York University Press. 1999.

Johnw, Meyer and Brian Rowan. "Institutionalized Organizations: Formal Structure as Myth and Ceremony", *American Journal of Sociology*. 1977: 83.

Kathleen, Thelen and Sven Steinmo. *Structuring Politics: Historical Institutionalism in Comparative Analysis*. Cambridge University Press. 1992.

Katzenstein, Peter J. *Between Power and Plenty*: *Foreign Economic Policies of Advanced Industrial States*. University of Wisconsin Press. 1978.

Lizzeri, Alessandro, Nicola Persico. "The Provision of Public Goods under Alternative Electoral Incentives. " *American Economic Review* 91 (1) . 2001.

Lizzeri, Alessandro, Nicola Persico, "Why did the Elites Extend the Suffrage? Democray and the Scope of Government, with an Application to Britain's 'Age of Reform' ", Memo. 2003.

Tsai, Lily. "Cadres, Temple and Linage Institutions, and Governance in Rural China". *The China Journal* 48 (*July*) . 2002.

Tsai, Lily. *Accountability Without Democracy*: *Solidary Groups and Public Goods Provision in Rural China*. Cambridge: Cambridge University Press. 2007a.

Tsai, Lily. "Social Groups, Informal Accountability, and Local Public Goods Provision in Rural China" . *The American Political Science Review* 101 (2) (*May*) . 2007b.

Tsai, Lily. "Strategies of Rule or Ruin? Government and Public Good Provisions in Rural China" , *Village Self—Government and Rural Social Development in China*. 2000.

Lochner, Kimberly, Ichiro Kawchi & Bruce P. Kennedy . "Social Capital: a Guide to its Measurement", *Health and Place*, 5. 1999.

March and Olsen. *Rediscovering Institutions*: *Then Organizational Basis of Politics*, New York: The Free Press. 1985.

Nelson Richard, Sidney Winter. *An Evolutionary Theory of Economic Change*, Cambridge: Cambridge University Press. 1982.

North, Nouglass, Thomas. *The Rise of the Western World*: *A New Economic History*, Cambridge: Cambridge University Press. 1973.

North. , Douglass. "The New Institutional Economics", *Journal of Institutional and Theoretical Economis*. Vol. 142, No. 1, 3rd 1986: 230 – 237.

North. , Douglass. *Structure and Change in Economic History*, W. W. Norton and Company Press. 1981.

Nee, Victor & Shijin Su. "Institutions, Social Ties and Commitment in China's Corporatist Transformation", In John Mcmillian and Barry Naughton (eds.), Reforming Asion Socialism: The Growth of Market Institution. Ann Arbor: The University of Michigan Press. 1996.

Onyx, Jenny & Paul Bullen. "Measuring Social Capital in Five Communities." *Journal of Applied Behavioral Science*, Vol. 36. 2000.

Ostrom, Elinor, Larry Schroeder& Susan Wynne. "Institutional Incentives and Sustainable Development Infrastructure Policies in Perspective", Boulder, CO: West View Press. 1993.

Ostrom, Elinor, Macko, Engel, Silfer and Russell. "Geochemical Characterization of High Molecular Weight Material Isolated from Late Cretaceous Fossils", *Organic Geochemistry*, Vol. 16 (4 -9). 1990: 1139 -1144.

Ostrom, Elinor. *Governing the Commons: The Evolution of Institutions for Collective Action*, New York: Cambridge University Press. 1990.

O'Brien, Kevin. "Implementing Political Reform in China's Villages". *The Australian Journal of Chinese Affairs*. (32) (July), 1994. p. 39.

Posner, Richard A. "Cognition and Neural Systems", *Cognition*, Vol. 10 (1 -3). 1981: 261 -266.

Putnam, Robert. *Making Democracy Work*. Princeton University Press. 1993.

Polanyi, Karl. *The Great Transformation: The Political and Economic Origins of Our Time*, Boston: Beacon Press. 1944.

Ricker, William H. "Implications from the Disequilibrium of Majority Rule for the Study of Institutions", *American Political Science Review* 74. 1980: 432 -447.

Sahlins, "On the Sociology of Primitive Exchange", *Stone Age Economics*. 1972: 185 -231.

Steinmo. Sven, *Taxation and Democracy: Swedish, British and American Approaches to Financing to Modern State*. New Haven: Yale University Press. 1993.

Shepsle, Kenneth. "Stragy, Structure and Procedure in Legislatures", *Mathematical Social Science*, Vol. 10, Issue 3. 1985: 283.

Shepsle, Kenneth. "Institutional Arrangements and Equilibrium in Multidimensional Voting Models", *American Journal of Political Science*, Vol. 23,

No. 1: 27 – 59. 1979.

Shepsle, Kenneth. "Studying Institutions: some Lessons from the Rational Choice Approach", *Journal of Theoretical Politics* 1. 1989: 131 – 147.

Schotter, Andrew. *The Economic Theory of Social Insitutions.* New York: Cambridge University Press. 1981.

Schotter, Andrew. "Economic Search: An Experimental Study", *Economic Inquiry*, Vol. 19, Issue1. 1981: 1 – 25.

Swidler, Ann. "Culture in Action: Symbols and Strategies", *American Sociological Review*, Vol. 51, No. 2. 1986: 273 – 286.

Thelen, Kathleen and Seven Steinmo. *Structuring Politics: Historical Institutionalism in Comparative Analysis*, Cambridge University Press. 1992.

Tolbert and Zucker. *Institutional Sources of Change in the Formal Structure of Organizations: Then Diffusion of Civil Service Reform*, 1880 – 1935, Cornell University Press. 1983.

Veblen, Thorstein B. *The Place of Science in Modern Civilisation and Other Essays.* New York: Russell& Russell. 1919: 239.

Veblen, Thorstein B. *The Theory of Business Enterprise.* New York: Charles Scribrier's Sons. 1904.

Veblen, Thorstein B. *The Instinct of Workmanship*, New York: Macmillian. 1914.

Veblen, Thorstein B. *The Engineers and the Price System*, New York: Augustus M. Kelley. 1921.

Weingast and Marshall. "The Industrial Organization of Congress", *Journal of Political Economic*, Vol. 96. 1988: 132 – 163.

Williamson, Oliver E. *Markets and Hierarchies: Antitrust Analysis and Implications*, New York: The Free Press. 1975.

Durkeim, Emile. *The Elementary Forms of the Religious Life.* London: Allen&Unwin. 1911.

Halbwachs. *On Collective Memory.* Trans. Lewis Coser. Chicago: University of Chicago Press. 1992.

Campbell, R. *Background for the Uninitiated. In Paradoxes of Rationality and Cooperation*, eds. R. Campbell and L. Sowden, pp. 3 – 41. Vancouver: University of British Columbia Press. 1985.

Dawes, R. M. "The Commons Dilemma Game: An N-Person Mixed-Motive Game with a Dominating Strategy for Defection", *ORI Research Bulletin* 13: 112. 1973.

Dawes, R. M. *Formal Models of Dilemmas in Social Decision Making. In Human Judgement and Decistion Processes: Formal and Mathematical Approaches*, eds. M. F. Kaplan and S. Schwartz, pp. 87 – 108. New York: Academic Press. 1975.

Kiser, L. L. , and E. Ostrom. *The Three Worlds of Action. A Metatheoretical Synthesis of Institutional Approaches. In Strategies of Politicial Inquiry.* Ed. E. Ostrom, pp. 179 – 222. Beverly Hills: Sage. 1982.

Olson, M. *The Logic of Collective Action. Public Goods and the Theory of Groups.* Cambridge, Mass. : Harvard University Press. 1965.

Samuelson, P. A. *The Pure Theory of Public Expenditure.* Review of Economics and Statistics 36. 1954: 387 – 389.

Douglas, Mary. *How Insititutions Think.* Syracuse, N. Y. Syracuse Univeristy Press. 1986.

Granovetter, " Mark. Economic Action and Social Structure: The Problem of Embeddedness", American Journal of Sociology. 1985. 91: 481 – 510.

Hayek, Friedrieh. *Law, Legislation and Liberty.* Vol. 1. London: Rutledge and Kegan Paul. August von. 1973.

Shibutani, Tamotsu. Social Processes. Berkeley: Univeristy of California Press. 1986.

Buchanan, James M. , "An Economic Theory of Clubs", Economica 32, February 1965a, pp. 1 – 14.

Coase, Ronald H. , "The Problem of Social Cost", Journal of Law and Economics 3, October 1960, pp. 1 – 44.

Head, J. G. , "Public Goods and Public Policy", *Public Finance*17, 1962, pp. 197 – 221.

Musgrave, Richard A. , *The Theory of Public Finance*, New York: McGraw-Hill, 1959.

Olson, Mancur, Jr. , *The Logic of Collective Action*, Cambridge, MA: Harvard University Press, 1965.

Samuelson, Paul A. , "The Pure Theory of Public Expenditure", *Review of Economics and Statistics* 36, November 1954, pp. 387 – 9; reprinted in K. J. Arrow and T. Scitovsky, 1969, pp. 179 – 82.

Taylor, Michael J. , *Anarchy and Cooperation*, New York: Wiley, 1976.

Besley, Timothy & R. Burgess, "The Political Economy of Government Responsiveness: Theory and Evidence from India", *Quarterly Journal of Economics*. 2002.

Besley, T. & S. Coute , "Elected versus Apointed Regulators: Theory and Evidence", Working Paper. *London School of Economics*. 2001.

Coleman James S. , *Foundations of Social Theory*. Cambridge, MA: The Beknap Press of Harvard university Press. 1990 .

Commons, "*Law and Economics*", Yale L. J. 34, 1924, (371) (1924 – 1925) .

Dixit Avinashk, Lawlessness and Economics Alternative Modes of Governance. Princeton: Princeton University Press. 2004.

Ellickson Robert C. Order Without Law: How Neighbors Settle Diputes. Cambridge, Massachusetts: Harvard University Press. 1991.

Forster, Andrew & Mark Rosenzwig , Democratization, Decentralization and the Distribution od Local Public Goods in a Poor Rural Economy. Mimeo, Department of Economics, Brown University. 2001.

Greif Avner, *Institutions and the Path to the Modem Economy*. Cambridge: Cambridge: Cambridge University Press. 2006.

Hecher, Micheal and Karl-Dierter Opp (edds), *Social Norms*, New York: Russell Sage Foundation. 2001.

Huan Philp C. C. *The Peasent Economy in Social Change in North China*. Stanford CA: Standfor University Press. 1985.

Lizzeri, Alessandro, Nicola Persico. "The Provision of Public Goods under Alternative Electoral Incentives", *American Economic Review* 91 (1) . 2001.

Luo, Renfu, Linxiu Zhang, Jikun Huang &Scott Rozelle, "Elections, Fiscal Reform and Public Goods Provision in Rural China", *Journal of Comparative Economics* 35 (3) . 2007a.

175

Luo, —, "Village Election, Public Goods Investments and Pork Barrel Politics, Chinese style", Working Paper, Center for Chinese Agricultural Policy, *China Academic Science*. 2007b.

Nee, Victor and Paul Ingram, "Embeddedness and Beyond", *New Institutionalism in Sociology*, Edited by Mary Brinton and Victor Nee, New York Russell Sage Foundation. 1998.

Nee, Victor and Richard Swedberg, "Economic Sociology and New Institutional Economics", *Handbook of New Institutional Economics, edited by Claude Menard and Mary M. Shirly. The Netherlands: Springer.* 2005.

Nee, Victor and Shijin Su , "Institutions, Social Ties and Commitnent in China's Corporatist Transformation", *Reforming Asian Socialism: The Growth of Market Insitutions*. Edited by John Mc Millan and Barry Noughton. Ann Arbor the University of Michigan Press. 1996.

Nee, Victor, " Orgnizational Dynamics of Market Transition Hybrid Forms Property Rights and Mixed Economy in China", *Administrative Science Quarterly* 37 (1): 1 – 27. 1992.

Peng Yusheng, "Kinship Newworks and Entrepreneurs in China's Transitional Economy", *American Journal of Sociology* 109 (5), 2004, pp. 1045 – 1074.

Peng, Yusheng, "Lineage Newworks, Rural Entrepreneurs and Max Weber", *Reseach in the Sociology of Work* (15), 2005, pp. 327 – 255.

Posner, Eric A. *Law and Social Norms*. Cambridge, MA: Harvard University Press. 2000.

Tsai, Lily. "Strategies of Rule or Ruin? Government and Public Good Provisions in Rural China", *Village Self – Government and Rural Social Development in China.* 2000.

Tsai, Lily. "Cadres, Temple and Linage Institutions, and Governance in Rural China", *The China Journal* (48), 2002: 1 – 27.

Tsai, Lily. . "Accountability Without Democracy: Solidary Groups and Public Goods Provision in Rural China ", Cambridge: Cambridge University Press. 2007a .

Tsai, Lily. "Social Groups, Informal Accountability, and Local Public Goods

Provision in Rural China", *The American Political Science Review* 101 （2）
（*May*）. 2007b .

Veblen. Thorstein, "The Instinct of Workmanship", New York: Macmillian. 1914.

Veblen, "Then Place of Science in Modern Civilisation and Other Essays",
New York: Russell& Russell. 1919: 239.

Zhang, Xiaobo, Shenggen Fan, Linxiu Zhang & Jikun Huang , "Local Governance and Pubilc Goods Provision in Rural China", *Journal of Public Economics* 88. 2004.

致　谢

本项研究是在导师胡荣教授的悉心指导下完成的。首先，要感谢在我五年的硕士和博士研究生学习阶段中给予悉心指导的导师胡荣教授。导师扎实的专业知识，严谨的治学态度，精益求精的工作作风，为我在求学和毕业论文的写作中树立了良好的榜样；导师一贯坚持科学的社会科学研究方法和严格的学术规范，为我在定量研究方法的运用和坚持学术规范上打下了扎实的基础；导师朴实无华和平易近人的个性让我在五年研究生学习阶段得以执着和踏实地探索自身的研究兴趣、致力于自身研究水平的不断提升。本书从选题、研究设计、研究调查的开展以及写作过程到最终完稿，每一步都是在导师的认真指导下完成的，在此谨向导师胡荣教授表示衷心的感谢！

其次，我要感谢厦门大学社会学系里各位老师和同学的真诚帮助。本项研究的顺利完成离不开各位老师和同学的帮助和支持。在毕业论文的开题和数次讨论中，易林教授、李明欢教授、徐延辉教授、周志家教授、朱冬亮教授以及童敏教授为本论文提出了许多中肯和精彩的意见和建议。在此向各位老师表示由衷的谢意！尤其要感谢易林教授在我五年的研究生学习中给予无限的指导和支持。易林教授纯粹的治学理念、深厚的学术理论功底以及智慧的人生态度，总能在我困惑和迷茫的时候为我带来前进的力量，亦能为我在学习和论文写作中带来许多有益的启发和灵感。在此，谨向易林教授表示最诚挚的感谢！

再次，我要感谢美国麻省理工学院政治学系的 Lily Tsai 教授。Tsai 教授亦是我在麻省理工学院访学和交流期间的指导老师。她专注认真、勤奋踏实的治学态度和出色的研究能力深深打动和感染了我。我非常庆幸自己能有数次与她共同进行田野调研和学术讨论的机会，这些为我在定性研究方法的运用、提升和本项研究的设计以及写作过程中奠定了不可或缺的基础。在此，谨向 Tsai 教授表达我崇高的敬意和深深的谢意！

同时，本项研究的理论框架和研究设计，亦得到哈佛大学的 Robert. Putnam 教授、哈佛大学社会政策研究中心的 James. Quane 研究员、哈佛大学的叶茂亮博士、清华大学的景军教授以及北京大学的卢晖临教授的指导，他们的建议让我受益匪浅。在此同样向他们表示由衷的感谢！

最后，我要感谢我的爱人、父亲、母亲以及 T 村的父老乡亲。我的先生，有着一颗纯洁善良、赤忱关怀社会的美丽心灵。他天生具备社会学视野，在日常生活中不断关注、洞察、审视与善意批判这个社会。他敏锐捕捉与出色分析社会信息的能力，显示出极丰富的社会学想象力。我们的日常生活充满了思考与分享的乐趣。我们不仅在生活上相依相伴，更在思想与心灵上融为一体。在写作过程中，我的每个想法与思考都与他分享探讨，他全心的支持与陪伴让我安心、心无旁骛，他绝妙的建议常常给我带来意想不到的灵感。本项研究所选取的个案村庄是我自小生长的 T 村，所开展的定性和定量研究全部在 T 村完成，总共近两年的时间。在田野调研期间，母亲一如既往地在生活中给予我悉心地照顾，让我以最好的状态投入调研工作；父亲不厌其烦地带领我走家串户、让我得以顺利地开展入户调查。同时，T 村村委和父老乡亲们在访谈和调研期间知无不言的合作态度让我备感亲切，也为本书提供了丰富、宝贵的资料和数据。本项研究的顺利开展和本书的完成，离不开父亲、母亲以及 T 村的父老乡亲的无限关爱和支持。在此，请接受我最诚挚的谢意和祝福！谨此，将此拙作献给养育我、伴我成长的村庄——T 村。